Dedi PERES
de Ancien Henri
André Beruicot

Jacques Dary

Compostelle
carnet d'un pèlerin

le lecteur de l'imaginaire

éditions Ouest-France

Sur les chemins de France

A Simon, 10 ans, parti devant nous au début du printemps.
A Raymond et Laurence, ses parents.
A ceux et celles qui s'en vont glaner le champ de l'étoile.

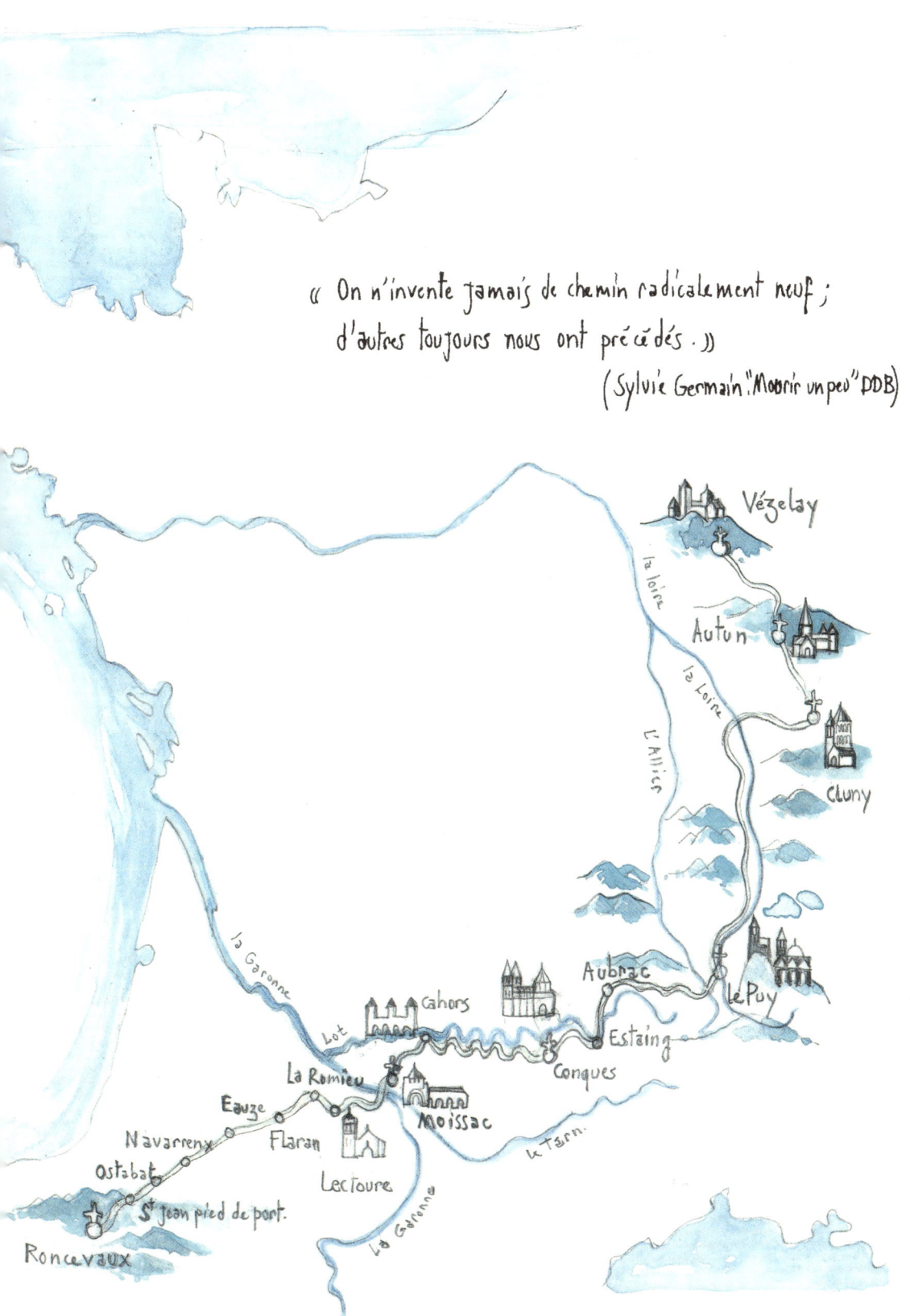

« On n'invente jamais de chemin radicalement neuf ;
d'autres toujours nous ont précédés. »
(Sylvie Germain "Mourir un peu" DDB)

Asquin sous Vezelay. 25 mars.

Ceux qui venaient des pays du nord et de l'est se réunissaient ici, dans le grand champ sous l'église Saint Jacques, avant de monter à la basilique Sainte Madeleine pour affronter ensemble la périlleuse traversée du Morvan.

Venant de petite Bretagne, j'aurais pu, comme beaucoup, prendre le chemin de l'ouest, plus direct. Mais ce lieu est l'une de mes intimes demeures et c'est d'ici que je veux partir à mon tour.

Et mon Dieu, tant mieux si la route est longue...
Tu as mis devant moi ce qu'il faut de lointains.

A travers les forêts du Morvan, vers Autun.

Entre les rondes bosses couvertes de sapins et la césure des étangs
le chemin se faufile, sinueux, comme le long corps fluide d'Eve,
que sculpta Gislebertus sur le linteau du porche nord dans la cathédrale
à Autun:
Silencieuse rivière sous le feuillage, dans son lit de granit bleu.

Eve a trouvé refuge au musée Rolin

Mais où donc est parti Adam ?

Saint Martin de Chapaize

...ensuite nous rejoindrons la Loire par les collines du Brionnais constellées d'églises romanes

La Chapelle sous Brancion

Deux tours aux lignes pures,
une partie du transept sud et
du mur d'enceinte, quelques pierres
ciselées...
Ce sont les seuls vestiges de la
plus grande abbaye du Moyen-Âge.

C'est assez pour imaginer
l'immense église construite ici
au début du premier millénaire

Cluny.
L'agneau pascal, clé de voûte du narthex.

Sous la houlette de Saint Hugues
et Pierre le Vénérable,
ami de Saint Bernard,
elle fut un ardent foyer
pour l'occident chrétien
des XIe et XIIe siècles.

De ce lieu essaimèrent à travers l'Europe
jusqu'au bout de l'Espagne, de multiples relais sur les routes pèlerines
vers Saint Jacques de Compostelle, Rome et Jérusalem.

Sur la frise du narthex
un compagnon se masse les pieds.
Geste commun aux marcheurs
de tous les temps.

De Cluny à la Loire.

Sur le versant sud des collines du Charolais et du Brionnais
une petite route en balcon s'en va vers l'ouest.
Litanie des églises romanes, comme les Ave d'un chapelet
que l'on égrène en chemin :
  Mazille, Bois sainte Marie, Anzy le duc, Saint Martin la vallée...

Ils ont pris les pierres de leur sol ; ont élevé des demeures
                    de silence pour accueillir
                           la Lumière
                              du monde...

Mazille

et lui chanter louange.

Anzy le Duc

Dans les dernières années du XIe siècle, aux temps où Charlieu s'appelait "Carus locus", des moines bénédictins, chassés de Touraine par l'invasion normande, construisirent en ce "cher lieu" une abbaye.
Bientôt devenue dépendance de Cluny, elle accueillait ceux qui venaient de Bourgogne et de l'est de l'Europe avant de passer la Loire pour rejoindre le Puy et l'Auvergne.

Au sud de Roanne la Loire serpente dans un grand paysage de collines entre les monts du Beaujolais et la bordure du massif central.

Sous le tapis gris-vert des landes affleurent les veines mauves des roches de porphyre.

Là-bas sur les "monts du soir", ainsi appelés car ils forment une barrière à l'ouest du pays, le ciel s'assombrit. Le vent du sud forcit et d'un coup tout devient bleu.

Il fait déjà nuit lorsque j'arrive ébouriffé de bourrasque au village de Saint-Maurice sur l'autre rive où je trouve chaleureux accueil et table d'hôte au gîte de l'échauguette.

Au matin le calme est revenu. Du fleuve le jour monte et grandit dans le miroitement des peupliers.

Longeant la rive occidentale de la Loire, le chemin pénètre dans la plaine du Forez piquetée d'étangs et de quelques roches volcaniques qui ont résisté à l'érosion.

Il passe aux anciennes haltes jacobites :

le prieuré bénédictin de Pommiers (XIe - XVe siècles) était, lui aussi, une dépendance de Cluny.

Puis celui de Montverdun que l'on voit de loin, dominant la plaine sur sa petite montagne de basalte.

Un gîte charmant est installé dans ce petit monastère du XIIe siècle.

Après Montbrison l'ancienne voie "Bolène" (chemin des hauteurs)

s'élève dans les bois noirs, sur les pentes des monts du Forez, jusqu'à Marols
(où une sympathique auberge me permet d'attendre l'embellie.)
Plus haut encore, le petit village médiéval de Montarcher où l'on rejoint
le GR 3 venant du nord.
Du porche de l'église la vue porte loin vers
le sud : au-delà des sombres forêts de résineux
les monts du Velay font le gros dos
sous le ciel menaçant.

« Elles n'ont rien de trop gai les forêts
   qui s'en vont sur ses plateaux :
   Des sapins, des sapins, jamais une âme... »

(H. Pourrat. Gaspard des montagnes)

Le Puy. 5 avril

Venant du nord, c'est en arrivant au bord du plateau que l'on découvre la vieille cité mariale, dans une vaste combe hérissée de pitons basaltiques où sont perchées les églises.

Clochers et hautes demeures de pierre sombre qu'égaient les toits de tuiles et la lumière blonde sur l'ombre mauve des sapins.

En l'an 950, Godescalc, évêque de cette ville, fut l'un des premiers à partir vers Compostelle. C'est pourquoi ici est le point de départ de la plus ancienne route gauloise vers le sanctuaire de Galice.

Dans la ville haute, juste sous la cathédrale je trouve gîte au couvent des franciscaines et quelques compagnons allemands et suisses. Un peu de compagnie après ces jours de solitude.

A la nuit tombée, je monte à la cathédrale où trône la Vierge noire. Etrange et fascinante statue de bois polychrome copie de celle qui fut rapportée d'Egypte par le roi Saint Louis.

Absorbé dans mon dessin, je n'ai pas entendu le bedeau venu fermer les portes...

... J'ai bien failli passer la nuit en tête à tête avec cette "Reine de Saba".

Le lendemain matin, dans le silence du petit oratoire Saint-Michel de l'Aiguilhe.

Étonnante chapelle romane au porche trilobé, posée comme un dé sur son doigt de basalte, que Godescalc fit bâtir à son retour d'Espagne.

Bonne mise en jambe avant de reprendre la route ; il faut du souffle pour y monter. Mais là-haut, bien au-dessus des bruits de la ville qui s'éveille, on croirait entendre le battement des ailes de l'archange.

et, dans la pénombre, luit une merveille : un petit christ-reliquaire de l'époque espagnole mozarabe, prémice du chemin d'Espagne.

Encore un peu de temps pour flâner dans le cloître où, depuis le XII°s.,
l'abbé et l'abbesse se disputent la crosse.
la colombe, apeurée par tant de discorde, s'envole à tire-d'aile,
en attendant que revienne la paix sur notre monde.
Les merles n'en ont cure ; ils s'affairent à construire leur nid
sous la corniche du toit.

Dans la ville basse, place du plot, il y a marché le jeudi.
J'y trouve une fourche de fenaison en coudrier qui me fera un bon
bourdon pour la suite du voyage et de quoi me défendre des chiens
trop agressifs.

Depuis la ville basse le chemin monte vite sur les hauts plateaux du Velay au-dessus du bassin volcanique où coule la jeune Loire.

Au hameau de la Roche, accroché en balcon sur le ravin de la Gaselle, un homme âgé prépare du mortier sous un beau porche en pierre de lave. Ancien maçon il consacre son temps à sauver de la ruine cette vieille maison que ses ancêtres ont habitée, pour la léguer à son fils.
Tandis que nous bavardons passent deux gaillards hollandais que je retrouverai à l'étape du soir.

Vent de galerne poussant devant lui des outres grises prêtes à craquer. La pluie ne m'épargnera pas aujourd'hui...
La voici qui me rejoint, bien drue lorsque j'arrive en vue de Montbonnet.

Ouverte, la chapelle Saint-Roch m'offre un abri. Le temps de laisser passer l'averse et de me restaurer un peu.

Saint Roch, médecin des pauvres sur la route de Rome au début du XIV°s. où tu soignais les pestiférés. Tu es avec Saint Jacques le modeste patron des pèlerins.
Si modeste que le cierge dans ta chapelle ne coûte que 3 Fr.
  Pour Saint Michel au sommet de l'Aiguilhe, il en coûtait 10 Fr.

Robe de bure - cuirasse d'or, y aurait-il hiérarchie au paradis ?

En descendant vers Saint-Privat,
la pluie a cessé. là-haut le vent fait le ménage et nous offre quelques
embellies. lumière vive et changeante sur les prairies mouillées, sur la
garde noire des sapins à l'échine des collines.

la lumière sur un paysage…
Comment capter une chose aussi immatérielle sur le papier ?
quête sans fin ; jamais vaine ni désespérée mais toujours insatisfaite.

modestement j'essaie une fois encore, dans la jubilation.

Un petit groupe de marcheurs sur le chemin en contrebas; me hèlent au passage.
Ils viennent de haute Auvergne non loin d'ici. S'en vont à Conques. Nous ferons plus ample connaissance ce soir à l'étape.

Quittant Saint-Privat la petite route monte doucement vers le hameau de Rochegude.

Silence ouaté du brouillard dans le sous-bois de mélèzes.
Un couple de chardonnerets silencieux m'accompagne un moment d'arbre en arbre.

Arrivé en haut de la vallée, le brouillard se déchire dans la lumière ; révèle un piton rocheux surplombant la trouée de L'Allier.
Une tour en ruine témoigne de l'ancienne place forte qui surveillait le passage par la vallée.

Accotée au rocher, comme un bateau à quai, la chapelle Saint-Jacques émerge de la brume au-dessus des prairies et des bois de résineux.
Étouffés et lointains montent des fonds les aboiements des chiens rassemblant les troupeaux.

la chapelle est ouverte.
Sur l'autel, faiblement éclairé par un cierge,
un livre est posé, où chacun peut écrire
en passant son nom, parfois une prière.

Le dernier passé par ici hier se nomme Simon.
Le cœur lourd je pense à un enfant, petit "Simon de Cyrène"
qui nous a quitté il y a peu.

Rapide descente, par un sentier glissant, dans le chaos des rochers,
jusqu'à Monistrol.
Il faut ensuite remonter sur l'autre versant. Pente raide, exposée
au soleil déjà chaud.
 Le sac me semble lourd. Trop rapide le cœur et court le souffle.
Je peine sur la plus rude montée depuis mon départ.

Sur le plateau du Gévaudan.

Pays de solitude et de rudes hivers. Où l'on garde à travers les siècles la terrible mémoire d'un loup sanguinaire et des bandes de mercenaires anglais qui sévissaient ici.

Mais aujourd'hui le printemps resplendit sur la longue houle des prairies ensoleillées de fleurs jaunes.

Paisible marche à la lisière des forêts sur ce haut plateau granitique.

Hameaux dispersés, dans les replis, au bord des ruisseaux.

Fortes maisons de pierres grises bien appareillées sous les toits de tuiles roses que dominent la tour des anglais et le clocher roman de la collégiale Saint-Médard.

La petite ville de Sauques dans la douce lumière de la fin du jour.

De Gévaudan en Margeride.

Remontant le cours de la Seuge par les prairies où mousse la lumière puis celui de la Virlange dans l'ombre soyeuse des sapins, j'arrive sans peine en haut du plateau de Margeride.
A main gauche un large chemin blanc descend dans un paysage de pâturages adossés aux collines plus sombres couvertes de forêts de hêtres.

C'est le domaine du Sauvage; et, là-bas, cette solide bâtisse de granit couverte de lauzes, l'ancienne "domerie" des Templiers, depuis le XIIe s. refuge des pèlerins.
Je croise en chemin le fermier du domaine ramenant son troupeau pour la nuit. Marchant côte à côte vers la maison, il me raconte l'histoire du Sauvage.

Lui, s'occupe de l'exploitation du domaine et entretient le gîte avec l'aide de sa femme.

Soirée fraîche dans la grande salle. Mais dans l'âtre la belle flambée qui nous réchauffe éclaire les visages heureux des compagnons d'un soir autour de la table d'hôte.

Au col de L'Hospitalet
la chapelle Saint-Roch
a été reconstruite.

près de la source
guérisseuse.

Entre le Puy et Conques les croix de chemin sont omniprésentes.
A la croisée des routes, au bord des drailles, à l'entrée des villages,
à la tête des ponts. Discrètes, au fond des vallons
ou visibles de loin, au sommet des côtes.
    Debout sur le ciel,

ou assises au pied des talus.
Combien en ai-je croisés en traversant
le Velay et la Margeride, et maintenant en Aubrac ?

Souvent très anciennes, en pierre de lave ou en granit, incrustées
de lichen, érodées par le vent, la pluie, la neige, elles ont perdu
leurs formes anguleuses, se sont adoucies, polies comme galets.

Impossible de passer sans les voir. Ecriture symbolique
elles disent le caractère sacré de ce chemin.

Sur le socle des croix sont posées des petites pierres, blanches, noires
ou ocre. Simple tradition de transhumance comme en montagne
ou sur les pistes du désert, les cairns ?

Pour beaucoup, je le sais, c'est aussi un geste de foi accompagnant
une prière secrète.

Plateau d'Aubrac.

Depuis le matin je marche dans la compagnie chuchotante des arbres.

A peine quitté l'abri du sous-bois, le vent me cueille et de moi s'empare. Je suis comme un bateau doublant le môle du port pour gagner la haute mer.

Devant moi l'immense plateau herbu, nappe de lumière jusqu'à l'horizon bleu sombre, seul point où le regard puisse trouver ancrage.
Plus d'arbre, plus de maison. Seulement des milliers de jonquilles vibrantes sur leurs tiges dans un froissement de soie et la trace des drailles comme fils d'Ariane... il s'agira de choisir le bon...

Ebloui, un instant je ferme les yeux et la mémoire remonte le temps et les saisons.

Je ne suis plus seul... Claire, Antoine et François marchent à mes côtés.
Ce n'est plus le printemps, mais un jour d'automne fauve et le vent, plus fort qu'aujourd'hui, tourmente les hautes herbes sèches.
Heureux et légers, sur ce même chemin, nous marchons vers Conques, accordant nos silences.

Un moment d'éternité dans un jardin suspendu sous le ciel, à regarder courir l'ombre furtive des nuages sur la hanche des collines.

Plateau d'Aubrac

montée au hameau de Montgros.

En amont du moulin de la folle, sur une large dalle de granit enjambant la Rimaize, deux enfants pêchent le véron.
 Vacances de printemps. la vie est belle : une semaine

à courir en plein vent le long des ruisseaux.
Ils sont montés de Malbouzon à vélo.
Le plus jeune me fait penser à Simon : le teint pâle et le regard clair
dans l'ombre de la casquette. Il me montre avec fierté la truite
qu'il vient de prendre.

La draille monte encore vers la croix de Ferlux et le hameau de Riéutort.
Encore deux heures de marche dans la lumière bleue jusqu'au pont
de Marchastel.

et, dans l'éblouissement du soleil couchant, une dernière montée
jusqu'à Montgros où m'attendent bon gîte et bonne table dans la maison
de Rosalie.

Nasbinals

« N'as-tu pas entendu son pas silencieux ? Il vient, vient, vient à jamais.
Dans les jours embaumés de l'Avril, Il vient, vient, vient à jamais... »
                                    Rabindranath Tagore (L'offrande Lyrique).

Sur le sentier qui descend à Nasbinals
Où cours-tu si vite, dans la lumière neuve du matin ?
Vers quel rendez-vous ?

Celui que je cherche sans le voir jamais
et que je chercherai encore...

au creux de ma fatigue et de ma solitude
l'Insaisissable m'a saisi.

Pas de mot pour le dire
  Seulement les larmes de l'enfance

« Heureux sur qui s'abat l'inconsolable joie. »

Aubrac

Passée la crête au-dessus des burons de Ginestouse,
Le village d'Aubrac est là en contrebas, sombre sur la pente verte
des herbus. Construction d'ombre et de lumière dans le soleil déjà oblique.

Vite un croquis pour garder en mémoire lignes et volumes
et ce ciel d'or miellé.

En 1120 Adalard, vicomte de Flandres fit bâtir ici une dômerie :
L'hôpital Notre-Dame des pauvres, pour accueillir les pèlerins égarés
dans le brouillard et la neige.

"Maria", la cloche des perdus, les guidait vers le salut.

   Trop de monde en bas. Je passe sans m'arrêter.
Ces vingt jours de marche solitaire m'ont ensauvagé,
autant que ce chevreuil aperçu tout à l'heure dans l'ombre de
l'ubac.

   Par le vallon pentu de la Boralde, je me laisse glisser
jusqu'à Saint-Chely dans la pénombre complice du crépuscule.

Après le pont sur la Boralde
commence le pays d'Olt.
Sur l'autre rive on monte dans la forêt de hêtres jusqu'à Combressat.
De là le chemin suit la ligne des crêtes, entre les vallées étroites
où coulent les affluents du Lot.
et la vue porte loin sur ce large pays :

    Vers le nord, jusqu'au plomb du Cantal,
    vers l'ouest, droit devant, jusqu'aux collines du Rouergue
      où nous cheminerons demain.

Parfois il faut plonger dans le fouillis végétal d'un vallon pour passer une rivière que les pluies ont grossie.

Et le long des rives boueuses on patauge à la recherche d'un gué...
... aléas du chemin.

Dans l'après-midi
descente vers la vallée du Lot
jusqu'au village de Saint-Côme.

Un vent tiède chuchote dans les hautes herbes. Avec des grâces de papillons s'envolent les fleurs de luzerne et les anémones sauvages.

Au cœur de l'enceinte médiévale, près de l'église au clocher torsadé, une belle maison abrite le gîte d'étape, l'un des plus authentiques du chemin.
Mais ne reste plus une place. "Passe ton chemin l'ami"...

Vers Espalion je m'en vais par la petite route longeant la rivière. La lumière dorée du soir miroite sous les branches basses des saules.

Haute abside pentagonale ornée d'arcatures et surmontée d'un clocher-peigne.
murs massifs de grès rose sous les toits d'ardoise,
debout sur la rive sud du Lot, comme une sentinelle à l'entrée d'Espalion,
voici l'église de Perse.

Il faut contourner le chevet et traverser le cimetière pour découvrir
le porche sud et entrer dans ce joyau de l'art roman du XIe-XIIe siècle.

Donné par Hugues de Calmont à l'abbaye Sainte Foy de Conques
le monastère de Perse en fut longtemps une dépendance prieurale

Au début église paroissiale, elle fut délaissée quand la ville se développa vers l'ouest, autour du pont vieux reconstruit sur des arches gothiques au XIIIe siècle sous le règne de Saint Louis.

C'est aujourd'hui jour de marché ; joyeuse animation dans les rues de la ville. Est-ce la couleur des pierres, ou l'éclat du soleil sur les étals, ou bien encore la musique des voix ? le dicton dit vrai ce matin :
C'est bien "le premier sourire du midi" qui fleurit ici, au bord du Lot, pour celui qui vient du nord par des chemins plus austères.

Au bord du chemin qui s'en va à Estaing,
la petite église Saint-Pierre de Béssuejouls (XI-XVI's
sommeille comme une belle au bois dormant,
rose dans l'ombre bleue d'une colline boisée.

Par l'escalier étroit je monte à la chapelle haute.

où Saint Michel terrasse le dragon
dans le bourdonnement inquiétant
d'un essaim de guêpes.
Bien vite je croque dans mon carnet
la petite sirène qui danse avec les centaures
et me sauve avant d'être piqué.

Temps lourd et rude montée au hameau de Beauregard, le bien-nommé car de là-haut on domine la vallée du Lot et le chemin parcouru les jours précédents :
Espalion au pied du château noir des Comtes de Calmont, plus loin Saint-Côme, et là-bas, ferment l'horizon au nord-est, la ligne sombre du plateau d'Aubrac.

Dans l'herbe haute caressée par le vent chaud je resterais bien jusqu'à la fin du jour à regarder bleuir la lumière.

Mais l'étape de ce soir est encore loin. Il faut y être avant la nuit.
"Debout compagnon. Ne t'attarde pas en chemin. Marche à l'ouest toujours".

Estaing.

Le beau village, dans une boucle
du Lot, sur le versant boisé de la vallée.
Les collines ont donné le schiste et les pierres
de lave pour construire ces murs épais
et ces lourdes toitures où brillent des veines de mica.
C'est encore la rudesse de l'Auvergne et déjà la nonchalance du midi

Halte chaleureuse dans la grande maison de Léonard et Elisabeth.

Dimanche matin.
Une lumière blonde coule sur les pentes et les toits de lauzes ; toute la gamme des verts et des gris, un peu de terre de Sienne naturelle, de terre d'ombre brûlée.
Et les iris dans leur robe de soie, mieux vêtus que le roi Salomon, brasillent dans le soleil.

En sortant de l'église mes hôtes m'invitent à demeurer encore un peu, le temps de partager le repas de midi.

Il est déjà bien tard quand je traverse à nouveau la rivière pour monter vers Montégu aux heures chaudes du jour.

La nuit est tombée au village de Golinhac. Fermé le bar-restaurant-épicerie. Il me faudra jeûner ce soir...

Mais je retrouve au gîte Jean et Danièle, déjà croisés dans l'Aubrac. Ils m'invitent à leur table providentielle.
L'orage éclate dans la nuit.
   Il pleuvra demain.

Conques   14 avril

L'aube s'est levée sur un horizon gris. Bientôt vent et pluie ont investi le paysage.
Depuis le matin je marche vers Conques où j'ai tant souhaité revenir.

Tout à l'heure à Sénergues les villageois s'en allaient à l'église, sous de grands parapluies noirs, enterrer l'un des leurs et, tandis que je monte dans le silence feutré d'une sapinière, j'écoute les lourdes gouttes d'airain du glas fondre dans l'air humide.
Sur le plateau à découvert, la bourrasque redouble, m'obligeant à baisser la tête

Passé le hameau de Fonromieu
voici enfin le vallon de l'Ouche.
Je n'ai plus qu'à me laisser glisser
par le sentier pentu dans le sous-bois.

Au dernier épaulement du versant
je m'arrête, saisi comme la première fois :
Sous mes yeux, suspendues dans l'ombre bleue
du vallon, les trois tours ocrées du sanctuaire
et la cascade des toits de lauzes
luisantes de pluie.

Comme en rêve je descends sur les pavés ronds et glissants jusqu'au parvis étroit comme un cul-de-four et mes yeux retrouvent dans l'arc roman du tympan la foule animée du jugement dernier. Livre de pierre à ciel ouvert, lu et relu depuis des siècles par ceux qui passent ici. Miche de pain offerte à ceux qui ont faim de la parole de Dieu.
Alors je franchis la porte et j'entre dans le silence.

Que serait Conques sans Sainte Foy, cette petite martyre dans la ville d'Agen au début du IVe siècle ? Ses reliques furent volées et ramenées ici par Avarisus, moine d'un monastère perdu dans ce vallon du Rouergue.
Cette "translation furtive" eut pour effet d'attirer en ce lieu la foule des pèlerins.
Il fallut, pour accueillir tant de monde, construire une grande église de pèlerinage et le renom de Conques fut porté par les chemins...
jusqu'en Espagne.
Aux premiers temps du pèlerinage le reliquaire de Sainte Foy était exposé dans le chœur de l'abbatiale à l'abri de grilles ouvragées.

Elle trône maintenant, étrange petite idole, salamandre dorée sous son globe de verre, dans la salle du trésor, au fond du cloître, veillée par la garde des Janissaires.

De nos jours nul moine ne songerait à voler des reliques, fussent-elles miraculeuses.
Des miracles assurément
il y en eut tant et tant.

Construire en cet étroit
vallon une telle merveille
ne fut pas le moindre

Encore fallait-il y croire.

Dans le petit matin noyé de brume je descends vers le pont Romieu. Les eaux vives du Dourdou emportent vers le Lot le limon rouge des collines. Le soleil monte derrière la nuée : lumière blanche, diaphane, comme celle transmise par les vitraux de Soulages.
Remontée sur l'autre versant. Dans la chapelle à mi-pente, premier pèlerin du jour, selon la tradition, je fais tinter la cloche et là-bas me répond celle de l'abbaye.

journée de marche sur le plateau jusqu'au village de Livinhac inscrit dans la boucle du Lot.

puis la marche reprend par des chemins ombragés et les églises closes

où ma ferveur s'ensommeille

A Saint-Félix-de-Mirabel (Le beau nom qui sent la prunelle),
fermée aussi la petite église dédiée à Sainte Radegonde.
Sur son humble portail roman, entourloupés dans les
méandres du Serpent, Adam et Eve croquent des pommes.

Arrivé le soir à Figeac, au pied du causse,
sur la rive du Célé.

Dans l'air chaud les hirondelles chassent.

Gîte d'étape
46160
CAJARC

Causse de Grammat
écluse de Bouziès
GR 36
vallée du Lot
Cahors

De la vallée du Célé à la vallée du Lot.

Sur le causse l'ombre est rare. L'air tremble sur le calcaire blanc où ne parviennent à pousser que de maigres bosquets de chênes tordus par le vent, brûlés par le soleil.

A la cassure du causse, le soir venu je m'arrête au pied de ce grand chêne, gardien de la vallée aux portes de Cajarc.

Là-bas l'ombre bleuit dans les jardins tandis que la lumière s'attarde aux corniches du causse, à la cime des peupliers, au lanternon du clocher.

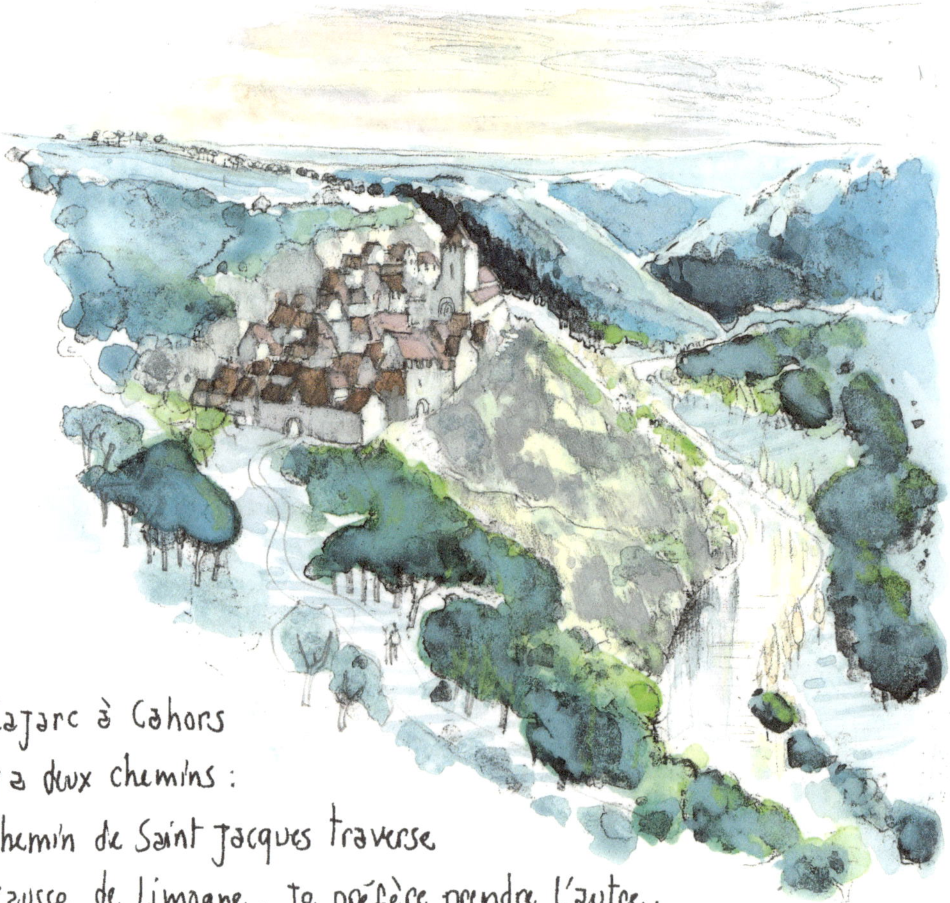

De Cajarc à Cahors
il y a deux chemins :
le chemin de Saint Jacques traverse
le causse de Limogne. Je préfère prendre l'autre.
Suivant la rive sud du Lot, il offre des paysages moins austères
Tantôt longeant la rivière, tantôt s'élevant sur la corniche du causse
où s'accrochent les petits chênes et, de loin en loin, la silhouette d'un village.
  Celui de Saint-Cirq, masqué par les grands arbres de la berge,
ne se découvre qu'au dernier lacet de la route, sur un éperon du plateau,
quatre-vingts mètres au-dessus du Lot.
Merveilleuse étape pour le marcheur :
En haut du village, près de la forte église romane,
la maison de la Fourdonne (XIII° s.) est un accueillant
gîte communal.

Dormir dans cette maison et au petit jour, le nez à la fenêtre, regarder monter le soleil du creux de la vallée :

   Une bulle de bonheur sur le fil du temps.

Il est bien haut le soleil lorsque je quitte le village et l'étape du jour promet d'être longue ; suivant le tracé fantasque du fleuve, le chemin musarde là-haut sur la corniche du causse. Je ne serai jamais à Cahors avant la nuit.

Tandis que j'arrive sur le chemin de halage, un bateau passe l'écluse. « Vous descendez à Cahors ? » « Oui. vous voulez monter à bord ? » « Merci ! » Et me voici compagnon-marinier de bonne fortune troquant le chemin pour cette route liquide et lumineuse.

À la fin du jour sur l'eau qui s'assombrit,
le reflet de trois tours blanches. Nous entrons dans Cahors jusqu'au pont Valentré.
Dernière écluse. De mes amis, compagnons bateliers d'un jour,
je prends congé et m'en vais, par les rues de la ville, à la recherche d'un gîte pour la nuit.

A Cahors j'ai retrouvé Claude, pèlerin solitaire lui aussi, déjà rencontré à Conques. Il est venu de Cajarc par le chemin du Causse.
Ensemble nous reprenons la route, en direction de Moissac,
par les chemins blancs du Quercy, trois jours durant.

le plus souvent chemins de crête
sur le plateau où affleure la craie
entre les vallées d'argile où coulent
les rivières vers Tarn et Garonne.

Dans les vallons chapelles et pigeonniers.
Villages rares aux belles maisons
de calcaire sous les grands toits
de tuiles, fortement charpentés.
Sur les hauteurs les premières bastides, les premiers cyprès.

Plus tard, en descendant vers Moissac, sur les coteaux exposés au sud,
les vignes de Chasselas et, dans la plaine, les vergers.

Peu après le village
de Lascabanes,
dans la chapelle St Jean,
une jolie Salomé,
d'un air navré, sourit
dans la lumière bleue
du vitrail.
Elle porte dans un plat
d'argent la tête
    du Baptiste.

Moissac 20 avril

Dernière lueur du couchant
sur la tour-clocher.
L'orage rôde dans les coteaux
au-dessus de la ville.
Un petit vent coulis
tourne sur la place déserte
et dans le ciel bleu sombre
le vol des corneilles.

Au portail sud de l'abbaye
je me présente devant
la Porte du Ciel... close.

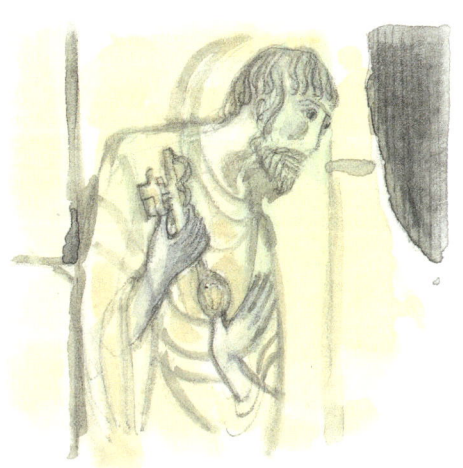

Dans l'ombre du porche
Saint Pierre veille sur la parole
de vie ciselée dans la pierre tendre
du cloître.
« Pourquoi viens-tu si tard ?
me chuchote-t-il. Ne sais-tu pas
qu'ici-bas il y a une heure pour
chaque chose ? Jusqu'à nouvel ordre
nous devons respecter l'horaire. »

Un peu plus loin le curé m'ouvre sa porte et me donne la clé du gîte paroissial.

Soirée solitaire et glaciale.
Tandis que je m'endors s'ouvre toute grande la porte au tympan de l'apocalypse de Jean et j'entends les vingt-quatre vieillards musiciens, vêtus comme des rois, chanter les louanges du grand Christ de Gloire, Roi de l'univers.
   "Au monde Il apporte la Paix et Il vient sécher toute larme sur le visage des hommes."

Sommeil léger, peuplé de trains
         trouant la nuit.

Sur l'ancien chemin de halage, un grand vent d'ouest ébouriffe les arbres une pluie fine et froide cingle le visage.
long chemin rectiligne entre deux eaux.
    à droite, l'eau calme du canal, à peine ridée de quelques vaguelettes.
    à gauche, le flot limoneux du fleuve où vent contre courant
    lève un gros clapet.

Seul compagnon du jour, un grand héron me précède d'écluse en écluse depuis "L'Espagnette" en quittant Moissac, jusqu'à "la pointe" où Tarn et Garonne se rejoignent.

C'est ici qu'autrefois les jacquets traversaient en barque à leur grand péril, pour rejoindre sur l'autre rive le village de Merles, quand le courant ne les emportait pas bien plus loin en aval.

Maintenant, pour nous, plus de soucis. Un peu plus bas un pont franchit le canal latéral de la Garonne. Dans le ciel d'encre un panache blanc au-dessus des tours de la centrale nucléaire de Golfech ; ainsi s'évapore une partie de l'eau de la Garonne. Autre temps, autre menace ?

Plus loin, au bout de la plaine, on passe le fleuve sur un grand pont suspendu, entre les haies de peupliers roux qui s'ébrouent sous la bourrasque.

Une dernière grimpée pour atteindre le village d'Auvillar, accroché au bord du plateau. Vieille bastide aux avant-postes de l'ancienne Gascogne, il domine la plaine d'Aquitaine qui fut anglaise si longtemps.

L'accueil de la mairie est encore ouvert. " Vous serez deux ce soir " m'annonce l'hôtesse en me tendant les clés du gîte installé dans l'ancien presbytère. Belle demeure XVIIIᵉ s., en balcon sur la vallée, sans doute charmante en été, mais ce soir déserte et glacée.

Je prépare le souper pour deux, guettant les pas qui bientôt s'arrêteront sur le seuil. Mais il n'est pas venu le visiteur du soir me laissant avec ma solitude, compagne tour à tour désirée et subie.

Entre la Garonne et le Gers s'étend la Lomagne verte que l'on dit encore Gascogne bossue.
Pays de collines où se déploie en courbes douces le nuancier des verts printaniers. Damier des champs de céréales encore en herbe et des labours ocre rouge. Terre lourde, calcaire argileux gorgé d'eau qui colle sous les pas.
Personne dans les champs, personne dans les hameaux.
Je marche seul dans les collines. De temps en temps un chien me suit un bout de chemin, puis revient à sa ferme.

On entre à Saint-Antoine par la porte fortifiée de l'ancien hôpital.
Ici les moines antonins accueillaient les pèlerins et soignaient la peste
et le "mal des ardents". Cette congrégation a depuis longtemps disparu,
mais le souvenir demeure d'un si grand dévouement tout au long
du chemin, jusqu'en Castille.
Il est pourtant encore loin
le chemin de l'Espagne.
Mais un signe avant-coureur
de temps en temps l'annonce :

noms de village ou, comme ici
les arcs outrepassés
au porche mozarabe
de l'église.

Au village de Castet-Arrouy
déjà la lumière bleuit.

Il n'y a plus
de château rouge
mais une église
Sainte-Blandine
où je fais une pause.
Fatigue. Besoin de trouver ce soir
une halte où rompre la solitude de ces jours derniers.
Un peu plus loin, la ferme de Barrachin propose le gîte et table d'hôte.

Guy et Christiane vivent ici sur une exploitation de cinquante hectares.
Cultures diversifiées, ici on essaie de résister aux planifications de la
politique agricole commune.
Nous partageons le repas du soir en parlant du pays,
de leur vie d'agriculteurs et de l'accueil sur le chemin.

Soirée chaleureuse aussi réconfortante que la savoureuse cuisine de Christiane et le vin du pays.
Au matin dans le jardin une à une s'allument les petites lanternes bleues des iris.

Je reprends la marche vers le sud jusqu'au bord du plateau ;
par temps clair, m'a-t-on dit, on aperçoit les Pyrénées.
Aujourd'hui dans le contrejour d'un ciel ennuagé
je ne vois que les bastides de Lectoure et la haute silhouette de sa cathédrale.

Lectoure bastide de Gascogne
Ancienne cité gallo-romaine puis évêché de la Lomagne et capitale du comté d'Armagnac.
Ici l'Histoire a laissé tant de traces qu'il faut bien demeurer une journée entière.

A côté de la cathédrale cette belle demeure dont le porche
est orné de trois boules de pierre abrite le presbytère.
Le père Pierre Bourousse m'ouvre sa porte et m'invite à sa table.
Il me raconte l'histoire de la ville et sa vie de responsable
pastoral. Malgré sa lourde charge (12 paroisses), il trouve
le temps de perpétuer ici la tradition d'accueil sur le chemin
de Saint Jacques.

Fin d'après-midi. Je suis monté au domaine de Tulle, en face
de la ville. Lumière douce sur les murs mais que le vent du nord
est froid ! Le temps d'une aquarelle j'ai attrapé l'onglée.
Les jeunes feuilles du marronnier ouvrent à peine les doigts ;
Nous ne sommes qu'en avril et je rêve à des soirées d'été dans
les jardins d'Espagne.

Quittant Lectoure en direction de l'ouest
le chemin franchit le Gers
au pont de pile.

Au bord de la rivière, dans une ancienne
tannerie, est installée une petite manufacture

On y extrait le "bleu de pastel de Lectoure".
à partir de la feuille de pastel,
une plante vivace à fleurs jaunes cultivée
dans la région.

la macération des feuilles fraîches libère un pigment indigo dont la coloration n'apparaît qu'après oxydation à l'air.

On l'utilise pour teindre les tissus mais aussi pour la peinture.

Dans mon sac j'emporte un peu de bleu pour l'aquarelle et une feuille de pastel.

la Romieu au début du printemps.
Surprenante vision au détour du chemin : au milieu des vergers en fleurs
une cathédrale a surgi.
Sur la route de "la Peyrigne" venant de Rocamadour, pour rejoindre le chemin
de Saint Jacques les pèlerins passaient nombreux. Au début du XIe s., Albert,
un moine revenant de Compostelle, établit ici une "Sauveté" qui prit le nom
de "l'Arroumiu" (le pèlerin). 250 ans plus tard le cardinal d'Aux, qui était
camérier du pape, voulut honorer son village natal en faisant construire
cette collégiale.

Assis dans le verger je croque la belle église
en rêvant à la saveur
des prunes.

Marc, 10 ans, passe sur son vélo ; s'arrête pour un brin de causette. Il revient de sa leçon de piano et n'est pas pressé. « Les pruniers que tu dessines c'est mon père qui les soigne. Ils sont beaux n'est-ce pas ? » et il m'invite à le suivre jusqu'à sa maison où son père me donne pour la route une poignée de gros pruneaux secs de la précédente récolte.

Après la Romieu le chemin repart vers l'ouest. plongeant dans les fondrières des vallons, remontant sur les coteaux où les carrés de vigne commencent à fleurir.

Dans l'enclos de la chapelle Sainte Germaine
je fais la halte de midi
Trottinant à petits pas, toute courbée, une vieille est venue arroser les iris.

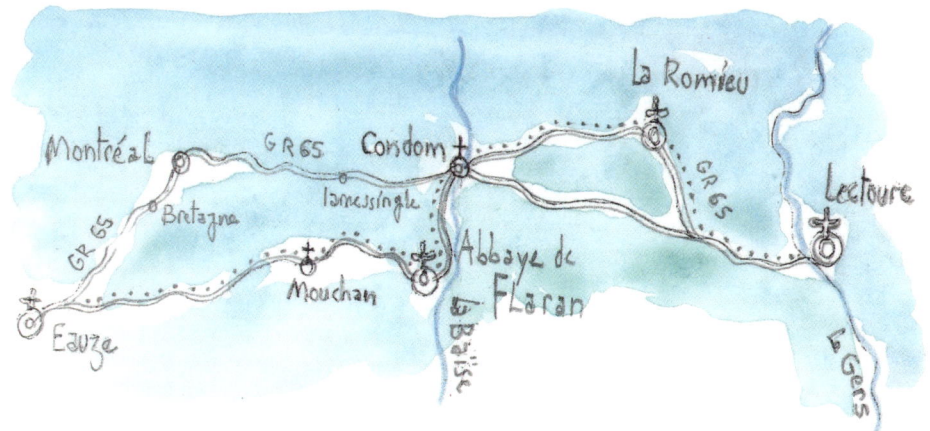

Arrivé à Condom le chemin continue toujours à l'ouest vers Eauze par les villages médiévaux de Larressingle, Montréal et Bretagne d'Armagnac. Breton errant sur un chemin gascon, c'est de ce côté que je devrais aller. Mais un peu plus au sud, hors du sentier balisé, une merveille mérite le détour :

    L'abbaye cistercienne de Flaran. Une église romane du XIIe siècle et un cloître où s'ouvre une salle capitulaire d'une rare élégance : quatre fines colonnes de marbre soutiennent les neuf croisées d'ogive de la voûte.

Il y a trente ans cette abbaye tombait en ruines. Son dernier propriétaire y avait mis le feu. Sauvée par le Conseil général du Gers, elle est devenue un centre culturel. Dans les logis abbatiaux une exposition permanente sur les chemins de Saint Jacques en Gascogne révèle la richesse patrimoniale de cette région de France.

Je suis ce matin le seul visiteur. Pas un bruit.
  Le chant des oiseaux a remplacé celui des moines...
  ... mais c'est la même louange.

Une matinée de grâce
  à boire la lumière
    dans cette coupe de pierre.
  Le temps s'est arrêté.

Pas de chemin pour rejoindre Eauze. Seulement la route.
Un samedi après-midi, sur trente kilomètres : rude épreuve pour un marcheur.
" Que fait là ce type ? Il y a des chemins aménagés pour ces gens-là !"
pensent peut-être ceux qui me frôlent à grande vitesse.
 Vraiment risquée la marche de ce jour...
Comme pour me le rappeler voici justement un grand bouquet de fleurs
fraîches au pied d'un arbre à la sortie de ce virage.
S'ensuivent de sombres pensées sur l'hécatombe routière
On mourait beaucoup sur les chemins de Compostelle.

Eauze enfin. L'hôtesse de l'office du tourisme m'ouvre une maison accueillante sur la place de l'église. Un compagnon pèlerin est déjà là. Peut-être celui que j'ai attendu l'autre soir au gîte d'Auvillar ? Parti du Puy début avril, il espère arriver à Santiago fin mai.
Ce soir, il semble fatigué, retranché dans le silence. Habitué à partir tôt le matin, il quittera le gîte à l'aurore. Nous nous donnons rendez-vous à l'étape suivante pour faire plus ample connaissance et cuisine commune.

9H. le lendemain matin. Sur la place devant le café où je prends le petit-déjeuner un chien attend. "C'est Jacob, le chien des pèlerins" me dit le cabaretier. "Il va vous accompagner jusqu'à Monplaisir, le prochain hameau. C'est ainsi chaque matin quand un pèlerin quitte le gîte."

Un peu plus tard je quitte la ville
Le chien me montre le chemin.

Je vais par les vignobles
d'Armagnac
où les sarments portent
la promesse du raisin
dont on tirera à l'automne
Floc, pousse-rapière
et l'alcool ambré.

De Nogaro à Aire sur l'Adour, dernière journée de marche dans le Gers.

Dans le petit matin humide nous quittons Nogaro,
l'ancienne ville des noyers. Le paysage change.
La forêt gagne sur les cultures et sur les vignes.
Silencieux, nous marchons côte à côte, à travers bois,
par des sentes de chasseurs. Haut perchées dans les arbres,
"les palombières" et le long des chemins, les "tunnels".
Gare à toi si tu passes avec les palombes !

Au-dessus des bosquets et des champs labourés, dans l'air lourd, saturé d'eau,
les buses chassent en miaulant. Près des fermes, dans les enclos,
la volaille s'inquiète.
Claquement de voile au vent. Comme un grand cerf-volant une buse me frôle.
Devant moi elle reprend de la hauteur; dans un battement d'ailes amorce
un virage pour une nouvelle attaque. Mes gesticulations la découragent...

...je me hâte
de quitter son aire de chasse.

L'étape de ce jour s'éternise. La fatigue gagne, avivée par une petite pluie froide.
Le vent d'ouest forcit. Comme une faux l'averse de grêle passe sur le paysage.
Soc luisant du froid sur la terre noire des labours.
"Baisse la tête, courbe l'échine; ce n'est qu'un grain qui passe."

Après le passage du fleuve, dernière ligne droite avant l'étape du soir.
Au gîte Etienne m'a devancé. Une douleur s'installe dans sa jambe depuis
quelques jours et l'inquiète : début de tendinite. L'ennemie du marcheur
au long cours. Rançon de trop longues étapes
en Margeride et Aubrac.
Le traitement ne suffira pas.
Il faut ménager la monture pour ne pas
être contraint à l'abandon.
Je lui propose de scinder les étapes
jusqu'aux Pyrénées. Ensuite, à Dieu Vat.

Transparence de la lumière sur le plateau.
Les courbes de la terre nue sur les labours étincelants.

Devant nous l'horizon s'éloigne au sud-ouest ponctué de bosquets de pins, arrière-garde de la forêt des landes.
Les Pyrénées maintenant toutes proches se cachent encore sous la toile grise d'un ciel trop bas annonciateur de pluie.
Courte étape jusqu'à Miramont-Sensacq. Au fond du vallon, sous la pluie un rapide croquis de l'église Saint-Jacques.

Papier mouillé, pas besoin d'eau pour l'aquarelle. Un moment de repos, à l'abri sous la belle carène de la charpente, tandis que l'averse frappe aux carreaux du porche.

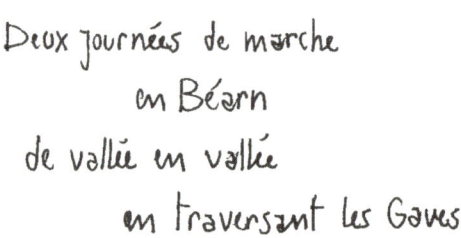

Deux journées de marche
 en Béarn
de vallée en vallée
 en traversant les Gaves.

Sur la pente des coteaux cascade de bois
 et de prairies. Maisons blanches
sous les grands toits de tuiles rouges.
Au sommet des collines les villages accrochent le soleil.
Vers le sud, soudain un horizon plus vaste :
 la ligne de crête des Pyrénées se révèle enfin, feston de lumière
sous le ciel gris de peyne.

Nous arrivons le soir, un peu las au bourg d'Arthez de Béarn.
Balcon au-dessus de la plaine du Gave de Pau. Dans le crépuscule,
sur l'autre rive, clignotent les installations industrielles de Lacq.
La tendinite d'Etienne ne cède pas. Nous réduirons encore l'étape de demain.

A la nuit tombante nous ferons halte dans le vallon boisé
de Sauvelade, "Silva lata" (la forêt étendue).

Sauvelade.

Dans l'étroit vallon du Laa s'établit au XIIe siècle un monastère bénédictin, rattaché ensuite à l'ordre cistercien, fut alors construite cette église en forme de croix orthodoxe surmontée d'une coupole ronde.

Les pèlerins se reposaient ici après avoir pris le bac au village de Landresse pour passer le Gave de Pau.

La pente est raide pour atteindre la crête du dernier coteau. Puis le chemin domine la vallée du Gave d'Oloron avant de plonger dans la forêt.
Promenade sylvestre jusqu'au village de Méritein et, de nouveau, la plaine…

Sur le livre ouvert des prairies, la grande écriture des peupliers annonce le fleuve.
Sur la page blanche
du pic d'Anie,
le signet noir du clocher
de l'église Saint Germain :
c'est Navarrenx
la cité-bastion où les rois
de Navarre tenaient
"la sponda navarriensis"
   (la bordure du royaume).
Dans une grande maison béarnaise nous attend
l'accueil du père Ihidoy.

Devant l'église d'Olhaïby
les moutons jouent aussi au rugby

De Navarrenx à Ostabat en pays basque.

"Si par chance vous avez beau temps, cette étape est la plus belle du chemin".
m'a dit ce matin Sébastien Ihidoy.
En passant la vallée du Saison j'ai quitté le Béarn. La pluie qui fuyait en nappes grises sur les montagnes à l'horizon du sud est allée battre la campagne plus loin vers l'est, et la lumière est revenue sur la frise étincelante des Pyrénées, par-delà les collines. Je monte maintenant sur une haute houle aux lignes rondes et douces. Vert intense et pourtant transparent, presque fluide.

Bouquets de troupeaux sur les pentes, dans les vallons bouquets rouges des toits autour des églises blanches.

Passant dans les hameaux j'écoute les enfants parler une langue étrange. Dans le siècle passé, le basque mieux que le breton aura su tenir tête à l'école de la République.

Après le carrefour de Gibraltar où les trois chemins se joignent, la montée se fait plus raide sur les dalles de schiste d'un très vieux chemin que l'on dit historique. Il grimpe jusqu'à l'oratoire Notre Dame d'Oyace...

Et dans le plein du jour on s'arrête, ébloui.
D'Ouest en Est, sur l'arête vive des sommets, la lumière déferle et se brise dans l'écume bleue des nuages.
On laisse couler le temps et puis l'on redescend dans l'ombre du vallon suivant.

Près de Sorhapüru
j'ai croisé le diable en chemin,
qui s'en allait à Compostelle.
Il m'a semblé qu'il avait
ressemblance avec quelqu'un
que je connais... bien.

Harembelz, premier hameau après la jonction des trois chemins.

Il y avait ici un prieuré-hôpital tenu par des laïcs : les Donats.
Ne reste que la chapelle du XIe siècle, dédiée à Saint Nicolas patron des voyageurs.
Les descendants des quatre familles de Donats habitent toujours dans le village et veillent à l'entretien de la chapelle.

Arrivent à Ostabat.
Au bas du village la maison Ospitalia accueille toujours les pèlerins depuis le XIème siècle.

Descendant sur Harambeltz. La chapelle des donats, dédiée à saint Nicolas.

Je n'ai croisé personne. Seulement quelques chèvres-mouflons belles cornes torsadées, toison de haute laine et prunelles d'or.

Dans le cimetière des croix de Malte et ces mystérieuses stèles discoïdales ciselées parfois d'une étoile à six branches.

Fin d'une belle journée sur l'autre versant.
Ostabat pouvait accueillir la foule des pèlerins venue des trois chemins : jusqu'à 500 dit-on.
Dans la basse ville la maison Ospitalia garde vivante cette tradition en offrant une halte chaleureuse.

D'Ostabat à la ferme Ithurburia. 4 mai.

Belle matinée ; le vent se lève et forcit à mesure que monte le soleil dans la vallée. Vent de sud, chaud, chargé d'orage. La crête des montagnes s'ennuage.
Le chemin suit, à flanc de coteau, la nationale qui conduit à Saint-Jean. Par la vallée étroite nous nous laissons couler entre les grandes vagues vertes des collines jusqu'au pied des montagnes.

C'est la dernière étape avant "le port" qui nous ouvrira la porte de l'Espagne.

A Saint-Jean le vieux la pluie lourde et tiède vient à notre rencontre.
Le porche couvert de l'église Sainte Marie Madeleine la recluse nous offre son abri le temps de la halte de midi.
Arriverons-nous à l'étape avant l'orage ?
Trop de monde à Saint-Jean pied de port. Nous préférons monter dès ce soir jusqu'au premier hameau.
Dernière soirée autour de la table d'hôte, à la ferme Ithurburia.
Quelques compagnons partis ce matin pour Roncevaux ont dû renoncer à passer le col aujourd'hui.
L'orage toute la nuit rôde dans la montagne.

Au matin tout est calme. Ici nos routes se séparent.
Etienne prend le chemin du col. Je redescends dans la vallée.
Avant de tourner bride
je regarde le compagnon
de ces derniers jours
monter dans le soleil,
s'arrêter pour une caresse
au chien de la maison
qui un moment le suit.

"Hasta luego
Compañero.
lleva al Apostol
un saludo de mi parte."

Sur Le chemin d'Espagne

Saint-Jean-pied-de-port. 4 septembre.
Rue d'Espagne j'ai retrouvé mon frère
venu me rejoindre au départ du "Camino francés".

Dans la soirée nous montons à Honto.
Premières foulées sur le chemin d'Espagne.

A Claire
A celles et ceux qui m'ont accueilli sur la route.

« Où les routes sont tracées je perds mon chemin.
Le sentier est caché par les ailes des oiseaux,
le feu des étoiles, les fleurs des saisons.
Et je demande à mon cœur :
Ton sang ne porte-t-il pas la connaissance
de l'invisible chemin ? »

R. Tagore "la corbeille de fruits".

"Sur la pente où nous montons c'est l'enfant qui s'envole en nous" P. de la Tour du Pin.

Tantôt dans la lumière des alpages, tantôt dans l'ombre des hêtraies nous montons vers le col. Dur chemin ; combien, avant nous, l'ont gravi dans un climat moins serein ? Compagnons jacquets de tous les temps ; soldats conquérants ou en déroute ; passants clandestins fuyant, la peur au ventre, la dictature franquiste ou l'occupation nazie.

La cloche d'Ibañeta qui, autrefois, guidait les égarés, sonne 2 heures...
Au sortir de la forêt voici Roncevaux : Bâtiments massifs de la collégiale et de l'ancien monastère.

Attendant l'ouverture du gîte, je somnole à l'ombre de la grande bâtisse. Des charpentiers travaillent sur le toit. Le martèlement rythmé résonne dans la combe, évoquant le premier chantier entrepris ici au XIIe siècle.

A la nuit tombée, dans l'église obscure, où seule la vierge de Roncevaux est éclairée, nous nous retrouvons plus de cent, venus des quatre coins du monde, pour chanter un vibrant "Salve Regina" à faire trembler la montagne.

La fatigue de cette première journée nous donne en cadeau un profond sommeil que ne troublera pas le ronflement des compagnons endormis dans l'immense dortoir comble, ni les âmes de ceux qui reposent dans la crypte voisine, héros et pauvres hères, couchés côte à côte dans l'attente du dernier jour.

Jeudi 6 septembre. De Roncevaux à Pampelune.
Le chemin monte et descend sur les contreforts pyrénéens
jusqu'à l'étroite vallée de l'Arga.
Les ponts romans nous conduisent d'une rive à l'autre.
Celui qui mène à l'entrée de Larrasoaña se nomme
" el puente de los bandidos ". Ici les pèlerins étaient rançonnés.

Ce matin les abords du village sont calmes. Au bar où nous faisons
halte le patron nous accueille avec bonne humeur : « Mi amigo el
futuro presidente de los Franceses » me dit-il en me tapant
sur l'épaule.

Arrivée à Pampelune en longeant la boucle de l'Arga par les jardins potagers et les enclos de chevaux.

Nous entrons dans la ville en montant par les rues de l'ancien quartier de la Navarreria jusqu'à l'immense cathédrale gothique où furent sacrés les rois de Navarre.

Depuis l'aube
nous marchons
vers le sud.
Lente montée sur
la sierra del Perdon,
à travers les jardins
et les chaumes, pelage fauve
sur l'échine de la montagne, jusqu'à la crête
où les éoliennes silencieusement brassent de l'azur.

Sur l'alto del Perdon rien n'arrête le vent et nous voici arc-boutés
contre le ciel comme la cohorte des pèlerins de tôle célébrant
en ce lieu élevé l'épopée jacobite.
Devant nous, la vallée de Valdizarbe où, des yeux, nous cheminons
déjà de village en village : Uterga, Muruzabal, Obanos.

Par la sente pentue, caillouteuse qui descend vers le sud,
nous arrivons à Uterga.
Calle mayor, rectiligne, chauffée à blanc sous le soleil vertical
de midi.
Dans le mitan de la rue une petite table est dressée :

Nappe immaculée, pichet d'eau fraîche, bouteille de vin noir, bouquet de fleurs blanches ; tout cela brille dans la lumière vive devant la bouche d'ombre d'un grand porche.

Fernando, le maître des lieux, nous hèle au passage. Bras entourant l'épaule qui gentiment nous pousse dans la fraîcheur de l'antre.

Et nous voilà réconfortés de la fatigue du matin.
« Vale. Adios amigo Fernando. Y gracias para la descansa. »

Puente la Reina . 8 septembre

Point de jonction des chemins d'Espagne.
Ceux qui arrivent d'Italie et du sud de la France
se sont joints à la troupe.
A l'entrée de la ville, le gîte historique est comble.
La calle mayor conduit tout droit à l'autre extrémité
où le pont de la Reine franchit le rio Arga.
Nous passerons la nuit sur l'autre rive, dans le nouveau gîte
construit sur le plateau depuis la grande affluence
de l'année jubilaire.
Grand hangar ressemblant plus à un bâtiment d'élevage
industriel qu'à une auberge ; stabulation pour pèlerins.
Version moderne de la tradition d'accueil s'adaptant à la hâte
aux besoins de la transhumance pèlerine grandissante.

Samedi 9 septembre.

Ciel rose. Le jour se lève sur le vieux pont et sur la ville
encore endormie.
Assis au bord du plateau, sous les amandiers, le temps
d'un croquis, j'écoute les pas des compagnons.

Marche aisée sur l'ondulation des chaumes coupés ras
sur la terre ocre. Là-bas, au bord du plateau, le village
de Cirauqui, pyramide blanche au-dessus du damier gris-vert
des vergers d'amandiers.

A l'entrée d'Estella le pont sur le rio Erga nous conduit au
cœur du vieux quartier franc. La place San Martin ombragée
et fraîche nous offre le repos de la mi-journée au bord de la
fontaine.
Une noce s'égaie sur le grand escalier descendant de l'église
San Pedro. "¡ Viva los novios y viva Santiago !"

Dans le petit cloître roman de San Pedro où les colonnettes font
des ronds de jambe nous regardons tomber le jour

avant de regagner notre dortoir
à "l'Hospital de los péregrinos" par les rues
encore tièdes où la foule palabre aux
terrasses des cafés.

Au porche de l'église de Monjardin Roland ferraille une fois de plus contre Ferragut.

Nous sommes toujours en Navarre mais déjà s'annonce le vignoble de la Rioja.
Ce matin à l'aube, passant devant les "bodégas" d'Irache, une inscription gravée au-dessus de la fontaine invitait à boire de ce fameux vin, pour aller à Santiago "con fuerza y vitalidad". La grille était fermée et nos gourdes pleines d'eau suffiront pour la soif.

Dans la haute église de Los Arcos nous assistons à la messe du soir devant un extravagant décor :

Une Santa Maria polychrome trône dans une niche carminée au centre de l'immense retable. Une troupe d'angelots potelés escalade en voletant les hautes colonnes torsadées où croulent les grappes d'or de la Rioja.

Me revient en mémoire ce qu'écrivait Pierre Barret dans "Priez pour nous à Compostelle" : « l'art baroque je le ressens comme trahison de Dieu par l'Eglise. l'ornement y prime le symbole, le rite y prend le pas sur la Foi. C'est l'architecture du tape-à-l'œil ».

Bien sûr nous sommes loin de la sobre intimité des églises romanes mais tant de générosité, de démesure et aussi de naïveté pour chanter louange à Dieu me touche et puis cet art exprime l'âme d'un pays que je commence à aimer jusque dans ses excès.

Date : 10 - 9 - 00

Lundi 11 septembre. De Navarre en Rioja.

Longue étape le long de la RN 111. Tantôt à notre droite, tantôt à notre gauche nous accompagne la lourde caravane des camions.

Au village de Sansol debout sur l'horizon dans le matin clair, l'église est ouverte. On vient d'encaustiquer le parquet et cela sent bon la cire d'abeille. Nous y entrons comme dans une mosquée en enlevant nos chaussures.

D'ici nous dominons le village de Torres del Rio sur l'autre versant de la ravine creusée par le Rio Linares.

La petite église du Saint Sépulcre a été construite au
XII° siècle par les moines d'Irache sur un plan octogonal,
identique à celle de Jérusalem.

Dans la lanterne brûlait nuit et jour un feu.
Petit sanctuaire étoilé tu éclaires toujours
la route de Saint Jacques, comme un phare
sur la mer.

A mesure que nous approchons de Viana la chaleur monte. Les couleurs plus denses, plus sombre le ciel où palpitent des lueurs d'orage.
En ville, atmosphère fébrile. Foule silencieuse massée à l'abri de palissades le long de la calle mayor. Chacun attend quelque chose d'imminent qui n'est pas seulement la pluie.
Coup de cymbales, passo-doble, cavalcades, holas! C'est la fête patronale et le traditionnel "encerro" commence. Les vachettes excitées par les "chicos" galopent d'un bout à l'autre de la rue.
La place San Felices bordée par les ruines de l'église san Pedro a des allures de petit colisée. Nous attendons que cesse la corrida pour gagner notre gîte.
L'orage éclate. La ville a provisoirement retrouvé son calme.

Depuis les remparts nous regardons descendre le soleil sur la plaine de l'Ebre et les hauts plateaux de Castille.
  "Croisés des grandes batailles, sachez vos lances manier.

si l'ennemi vous assaille gardez-vous de trépasser.
Car derrière vos murailles on attend sans se lasser."

Ici, à la frontière des deux provinces, Navarrais et Castillans se sont fait la guerre pendant des siècles.

La nuit s'est installée sur la plaine. Le long du rio Ebro les lumières de Logroño s'allument comme une procession de lucioles.

Ce n'est pas le tumulte des batailles qui contrarie notre sommeil, mais les clameurs de la fiesta qui se prolongera jusqu'au petit matin.

12 septembre. Najera "la ville entre les rochers".

C'est ici, le long du rio Najerilla, que le jeune roi Garcia aimait venir chasser.
La légende raconte qu'il fut un pur témoin d'une scène étrange : une perdrix, poursuivie par son faucon, se réfugia dans une grotte. Le faucon l'y suivit, puis le roi qui trouva les deux oiseaux roucoulant au pied de la vierge Marie nimbée d'une lumière divine.

Ainsi, selon le vœu du roi Garcia, fut construite la collégiale Santa Maria la Réal et son monastère qui accueillait les pèlerins sur la route de Saint Jacques. François d'Assise fut l'un d'entre eux, pauvre parmi les pauvres, chantant en chemin la gloire de Dieu.

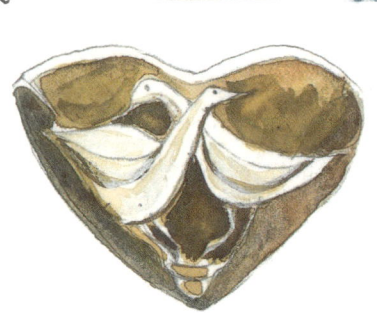

Au fond de l'église, dans la grotte éclairée par la lumière vacillante des cierges,

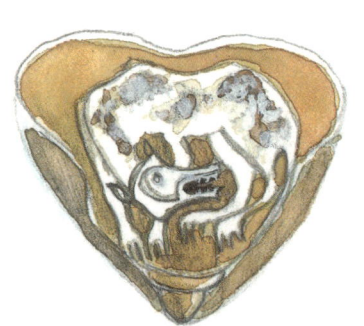

la paisible madone et son fils déjà grand au regard attentif et grave, veillent sur le sommeil des rois catholiques de Navarre.

Dans l'élégant cloître de los caballeros
la lumière brode des ombres de dentelle.

Tandis que dans la chapelle haute le diable
court toujours sous les miséricordes des
stalles où siègèrent des générations de moines.

Soirée animée au gîte installé dans l'ancien monastère
nous partageons le souper avec Hans le hollandais, Camilla et sa soeur
Ondine venues de Nouvelle Zélande
sur les traces de leurs grands-parents
exilés depuis la guerre civile,
Irina, russo-américaine
qui nous raconte sa vie...

Il m'arrive de regretter
les soirées solitaires
du dernier printemps...

Irina
tu me saoules
mieux que le vin
de la Rioja.

14 septembre

Eclairés par la pleine lune nous quittons Najera par le chemin qui escalade la falaise au-dessus de l'abbaye Santa Maria.
Sur les plateaux les vignobles ont fait place aux champs de céréales et de primeurs.
Les labours commencent à peine et la récolte de pommes de terre bat son plein.
Halte de midi entre les villages de Cirueña et Ciriñuela, sur un tapis de colchiques à l'ombre des chênes.

Santo Domingo de la Calzada. Domingo vivait ici au XIème siècle dans son ermitage au bord du rio Oja. Il voyait passer les pèlerins par milliers, certains bien mal en point. Il les prit en pitié et se fit constructeur de ponts et de routes, puis il bâtit un hôpital. C'est ainsi que naquit la ville. Plus tard fut érigée la grande église qui lui est dédiée.

La légende du jeune allemand qui s'en allait à Compostelle avec ses parents et fut injustement pendu mais n'en mourut point grâce à l'intervention de Saint Jacques enjolive l'histoire de cette ville, comme aussi celle du coq et de la poule qui sautèrent

du plat en chantant pour convaincre le juge de sa méprise.
Légende dorée du chemin qui fait aussi marcher le commerce ; les boutiques sur la place regorgent de poules blanches et de petits santo Domingo bénissants.

Je préfère celui qui, dans la crypte de la cathédrale, relève un pèlerin épuisé. Belle sculpture romane dans le granit bleu.

Dans la maison fraîche des sœurs cisterciennes bonheur du repos par une journée trop chaude. Devant la fenêtre ouverte sur le jardin les compagnons ont abandonné leurs chaussures

Samedi 16 septembre. San Juan de Orteza.

Au sortir de la forêt le chemin descend doucement à travers prés jusqu'au monastère, étape pour les pèlerins depuis le moyen âge.
« El padre no esta aqui. Esta recuperando », nous dit la soeur du père Maroquin. Pas de messe ce soir dans cette belle église, ni la fameuse soupe à l'oseille dans le réfectoire du petit cloître fermé. Seul moyen de se restaurer le café voisin qui distille une musique disco peu compatible avec le recueillement de ce lieu. Tant pis nous irons ce soir jusqu'à Burgos après une sieste au plus fort de la chaleur.

Saint Joseph lui aussi fait la sieste, visité par un ange, sur un chapiteau dans l'ombre fraîche de l'église. Il dort là depuis qu'un anonyme tailleur de pierre le plaça à l'entrée de cette abside ronde au fond de laquelle luit un étonnant retable de la résurrection des morts. Retable Renaissance, étrangement moderne que l'on croirait peint par Maurice Denis.

Alors que l'auberge se remplit de la troupe des compagnons de marche, nous repartons sous le soleil moins chaud, par les beaux villages de Castille que marque de loin en loin la silhouette ajourée des clochers à peigne dans les collines de chaumes, jusqu'à Burgos, la blanche capitale de cette province.

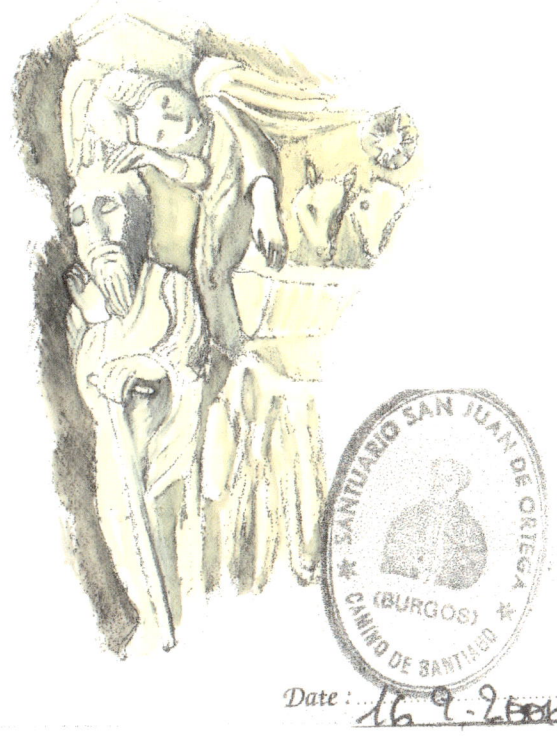

Date : 16 9. 2006

Burgos 16 septembre.

Noble castillane un peu hautaine et guindée, derrière tes hautes fenêtres tu gardes pieusement le souvenir de Don Rodrigo et de Doña Jimena.
Tes places et tes ruelles résonnent encore des cavalcades de tes caballeros, matamoros et conquistadores.

Tant de merveilles à découvrir dans tes églises et tes monastères! Une journée ne pourrait y suffire et comme tous ceux qui vont à Compostelle nous ne faisons que passer...

"A Burgos il ne fait chaud qu'entre la Saint-Jacques et la Sainte-Anne" dit un proverbe castillan.
Un petit vent aigre tourne sur la place où se délasse un grand pèlerin de bronze affalé sur un banc.

Au porche sud de la cathédrale, sur le chapiteau soutenant l'ogive, un petit homme se masse le pied en grimaçant. Témoin discret de la longue cohorte pèlerine qui traverse la ville depuis mille ans

Je te salue en passant petit compagnon Jacquot et te choisis pour marquer cette page.

Amigos del
Camino de Santiago
Burgos

Date: 16-9-2000

Montée lente sur le plateau aride.
A nouveau les chaumes devant nous, jusqu'à l'horizon.
La route est longue. Sol dur, pierreux. Heureusement
le soleil s'est voilé et une petite brise tiède
nous pousse aux épaules.

6H. Voici Hornillos del camino. A l'auberge près de l'église il reste
encore trois lits. Tout au bout de l'unique rue, le bar a fait le plein lui aussi
Paysans et nomades, sédentaires et pèlerins s'y côtoient dans une convivialité
enfumée et bruyante autour des chopes de cerveza.

Une bonne nuit de repos et nous serons près à repartir demain à l'aube sur
ce plateau vaste comme une mer où déferle à perte de vue la houle des blés
moissonnés ; cette fameuse Meseta de Castille que nous avons abordée ce soir.

Je dors déjà comme un loir en hiver quand Christine, une pèlerine suisse, rencontrée plusieurs fois en route, me réveille : « Venez voir, ils ont éclairé l'église, c'est superbe » Comme un berger réveillé par les voix célestes, je me lève et m'en vais à la crèche tout illuminée, rutilante des dorures de ses retables baroques où les saints du paradis entourent l'enfant qui sourit dans les bras de sa mère.

18 septembre
Castrojeriz que les jacquets
 appelaient "quatre souris".

La grande arche gothique du couvent San Anton enjambe la petite route qui descend du village de Hontanas. On voit encore sur le mur de la façade le T symbole de l'ordre des Antonins déjà rencontré sur le chemin de France et un guichet où l'on pouvait trouver du pain à toute heure.

Plus loin, l'élégante silhouette de la collégiale Santa Maria del Manzano (la vierge du pommier) marque l'entrée de Castrojeriz.

Cette bourgade était une étape importante du chemin. Des quatre hôpitaux il ne reste plus trace, mais trois grandes églises sont encore debout et un couvent franciscain qui aujourd'hui abrite des clarisses.

Une bonne halte pour refaire ses forces avant de poursuivre la longue traversée de la Meseta.

Fin d'après-midi. Le soleil descend derrière la montagne. Dans le ciel des cirrus déroulent leurs longs rubans. Le vent tourne à l'ouest. Pluie pour cette nuit ou peut-être demain ?

Dans la lumière du soir nous croisons Julien et Sylvie déjà rencontrés dans la montée à Roncevaux, puis à Estella. Ils ont vingt ans. S'en vont à Compostelle la main dans la main et le bonheur éclaire leur visage. Avec eux nous partageons le dernier repas du chemin.

Date : 18 sept. 2000

21 avril 2001. Retour sur le chemin.
la Meseta de Castille a changé de couleur.
Sur le plateau de Mosterales au-dessus de Castrojeriz le blé d'automne

pousse maigrement dans la glaise gorgée d'eau qui commence à sécher et craquelle.
Parmi les fleurs de sénevé et les euphorbes réveil-matin, devant nous, les perdrix courent tête haute, prêtes à l'envol.

Le "puente de Itero" sur le rio Pisuerga est le passage entre les provinces de Burgos et de Palencia. Nous quittons l'ancien comté de Castille pour entrer en Tierra de Campos, plaine céréalière et maraîchère riche car irriguée par le fleuve et le canal de Castille.
Aymery Picaud déjà la décrivait comme "une terre pleine de trésors. Abondante en pain, vin, viande, poisson, lait et miel."

A l'entrée de Boadilla del camino passe un troupeau de moutons
accompagné d'un âne blanc et d'un chien noir
en transhumance de printemps vers les montes de Leon.
Nous suivons le même chemin. Chaque jour je le rencontrerai
jusqu'au-delà de Sahagun.

Arrivée le soir à Fromista. Ciel sombre chargé de pluie.
Le vent de sud-ouest souffle en bourrasque.
La ville s'apprête à fêter la San Thelmo et déjà la foule venue
des villages a investi les bars en attendant la tombée du jour.

Nuit d'orage. Le tonnerre répond en écho
au roulement des tambours et pétarades
du feu d'artifice.

Date: 22-4-2001.

Autour de l'église San Martin
tourne le vent. Sarabandes
et tarantelles viennent battre
comme un ressac au pied de
l'auberge où nous tentons
en vain de trouver le sommeil.
On dirait que tous les animaux
chimériques peuplant les chapiteaux
de San Martin sont descendus
à la rescousse.
Fiesta toute la nuit contre vents et marées
parmi les feux de Saint Elme.

la ermita del rio

Le long du rio Ucieza un chemin d'argile détrempé nous conduit jusqu'à la Ermita del rio. Haute silhouette blanche derrière les bosquets de peupliers, elle annonce la grande église forteresse Santa Maria la Blanca assise au milieu des labours, ocre comme la terre argileuse et les maisons de torchis du village de Villalcazar.
Ici les templiers installèrent une commanderie pour protéger le passage des pèlerins. Sur le chemin du retour ceux qui n'avaient pas été exaucés par Saint Jacques avaient recours à la vierge blanche et beaucoup s'en revenaient apaisés.

Villalcazar

A Carrión de los Condes
nous trouvons gîte
au couvent des clarisses.
Dormons comme des princes
entre des draps brodés.

La porte de l'église Santa María del camino est gardée par les quatre taureaux de la légende du tribut des cent vièrges, épisode fondateur de la reconquista.

Santa Maria del camino

« Ici s'étend le pays de patience et l'horizon du souffle. »

Interminable chemin. Marche lancinante contre le vent.
La tête vide de toute pensée. A droite, à gauche, la terre ocre
où pousse le blé têtu. A l'horizon pas de village, pas d'arbre.

De la ligne verte sur la pointe des blés émerge quand on
ne l'attend plus la petite tour blanche à l'angle du cimetière
de Calzadilla.
Souvenir d'une autre marche sur la plaine de Beauce :
Le chemin fuit, toujours plus loin sur l'horizon nu, et dans
le mirage de la fatigue, les deux flèches de Notre Dame de Chartres.

Le soir nous poussons jusqu'à Terradillos de los Templarios.

Encore la présence de ces moines soldats dont la protection était si utile aux temps troublés.

Beau village aux maisons construites en adobe. Nous trouvons bon accueil à la casa de Marisa Pérez après une heure de marche sous un grain glacé.

Autour du brasero qui ronfle et nous réchauffe, nous partageons le repas préparé par Marisa et nous chantons ensemble le refrain des jacquets flamands :

« Ultreïa, Ultreïa et sus eia. Deus adjuva nos. »

Peu après le village de San Nicolas, sur le bord du rio, la Ermita de la Virgen del puente dont c'est aujourd'hui la fête. Il est encore tôt. On commence seulement à dresser les tentes dans le champ voisin. Mais une femme, descendue de Sahagun, est déjà là pour nous offrir le pain et le fromage selon la tradition et, pour le repas de midi, il y aura des escargots frits.

Sahagun. Ancienne dépendance de Cluny en terre d'Espagne. Au-delà des tours de briques roses, la ceinture verte des peupliers le long du rio Céa. Plus loin la terre rouge jusqu'à l'horizon.

   Ici commence le Paramo et le real camino qui conduit, par une plaine sans arbre jusqu'à la ville de Leon.

   Le chemin sera rude et grande la fatigue. Mon compagnon de marche a les pieds en sang. Demain nous devrons nous résoudre à reconnaître notre faiblesse et prendre le train pour Leon et quelques jours de repos.

Leon : Après le long chemin du Paramo quel bonheur d'arriver dans cette ville « Résidence royale, pleine de tout type de biens ».

La cathédrale gothique aux si belles verrières et la collégiale royale de San Isidoro de style roman primitif encore imprégné d'influence romaine nous donnent tant à admirer que cette halte de deux jours nous semble trop courte.

Compagnon ne passe pas trop vite dans cette ville. Prends ici un peu de repos car demain t'attend encore une longue étape sur le morne paramo de Castille.

Date :

la voûte romane du panthéon royal de San Isidoro est décorée de fresques peintes au début du XII siècle, illustrant des textes mozarabes.

la représentation de la dernière cène nous montre l'apôtre Jacques en conversation animée avec son ami Mathieu.

Belle image de celui que l'on appelait "le fils du tonnerre".

Dans la ville de Leon il y a un bon gîte chez les soeurs franciscaines plaza Santa Maria del camino où l'on s'endort avec la bénédiction de la mère abbesse.
Bon nombre de nos compagnons des jours précédents nous ont rejoints. Certains, mal en point, devront attendre ici quelques jours avant d'aller plus loin.
En flânant dans les rues de Leon, une chose n'échappe pas à l'œil du marcheur : cette ville détient certainement le record de concentration

de Zapaterias (marchands de chaussures).
Combien de pèlerins renouvellent ici leurs chaussures usées
après avoir parcouru plus de la moitié du chemin ?
Mon frère y a trouvé zapatos confortables à ses pieds endoloris.

Au palais de San Marcos il y avait un hôpital pour les pèlerins.
L'un des plus renommés de la ville et même du chemin.
C'est maintenant l'un des plus luxueux paradores d'Espagne.
Devant la façade constellée de coquilles Saint-Jacques
un pauvre hère de bronze s'appuie au fût du calvaire.

Tu attendras longtemps encore
compagnon de Compostelle
car pour entrer dans cet hôtel
il te faudrait une escarcelle
toute pleine de pièces d'or.

Puente de Orbigo

Ce grand pont qui enjambe le rio Orbigo
porte le nom de "passo honroso" (le passage pour sauver l'honneur),
en souvenir d'un chevalier léonais, Don Suero Quiñones qui, au mois
de juillet 1434, défia en tournoi, jusqu'à la veille de la Saint-Jacques,
tout chevalier désireux de passer sur l'autre rive.
Ce matin nous passons sans coup férir ; notre Hidalgo est
occupé à pêcher la truite, abondante dans cette rivière.

Ainsi nous quittons le Paramo et, montant vers Santibanez
au pied de la Sierra de la paloma, nous gagnons le pays
des Maragatos (des muletiers).

où l'on retrouve le chemin
« le vrai, fait de terre ravinée,
creusée de rides profondes,
la trace millénaire où, libéré
des craintes et du bruit,
l'esprit peut de nouveau soliloquer ».

    J. Cl. Bourles (Le grand chemin
                  de Compostelle).

Santibanez

De acuerdo amigo ; tout le long du jour, dans la solitude de cette sierra, je soliloquerai.

Ici commence le pays des Maragatos

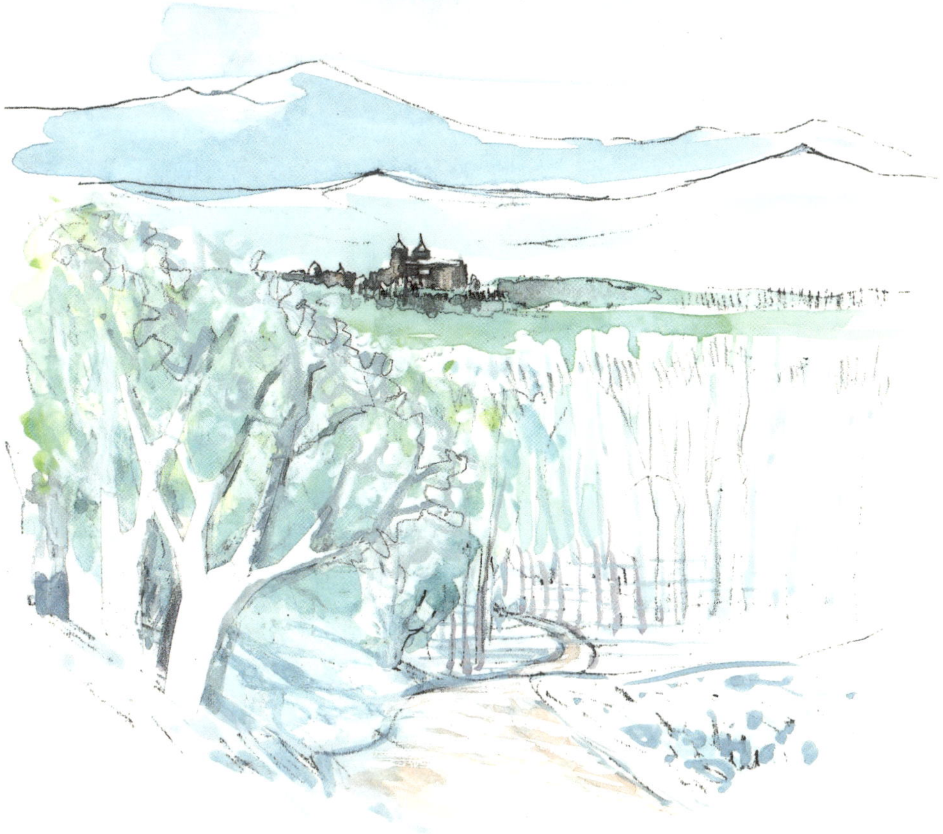

Au bout du chemin descendant de la sierra, dans le contre-jour voici Astorga.

Devant la cathédrale de grès rose, le palais néogothique construit par Gaudi semble sortir d'un livre d'image.
Il abrite un très intéressant musée historique des chemins de Saint Jacques en Espagne.

Au-delà de la ville, doucement le chemin remonte vers les Montes de Leon.

par les villages de la Maragateria ;
Castrillo de los polvazares, Santa Catalina, El Ganso, dont les petites églises se ressemblent comme des soeurs.

El Ganso
l'église Santiago.

Santa Catalina

Sur le haut plateau forestier en vue de Rabanal del Camino, poussé par le vent d'ouest qui forcit le ciel noir glisse doucement à notre rencontre.

en vue de Rabanal del camino

Nous arrivons dans la soirée au refuge de la "Confraternity of St James".
Un couple d'anglais charmants nous offre "a nice cup of tea" tandis que
dehors la neige tombe à gros flocons.

A la nuit tombante sous les rafales de vent glacé dévalant des crêtes
nous nous rendons à l'église voisine Santa Maria.
Deux moines bénédictins assurent dans ce village une présence religieuse
tout au long de l'année. Avec eux et quelques compagnons du chemin
nous chantons l'office du soir :

« lava me. quedare mas blanco que la nieve ». (psaume 50).

Rabanal. Eglise Santa Maria

Foncebadon

Sous la neige ce village semble plus que jamais abandonné.
Un petit troupeau monte devant nous, répondant à l'appel
d'un fermier venu porter du fourrage.
Voix étrange, issue de nulle part, diluée dans la brume blanche.

en passant le col nous déposons notre pierre
au pied de la croix de Hierro.

Passé le col, longue descente vers El Acebo (Le Houx. 1150m).
Modeste village de montagne. La neige recouvre les pentes et les toits.
L'unique rue est bordée de balcons de bois.

La brume se lève découvrant devant nous le pays vallonné
du Bierzo.

Pays de vignoble, transition entre Castille et Galice,
il s'étend entre les monts de Leon et l'extrémité sud-ouest
de la cordillère Cantabrique.
Pendant une brève période il fut province autonome. Certains en ont
gardé la nostalgie à en croire les inscriptions séparatistes
rencontrées au bord des routes :
   « Viva el Bierzo libre ».

Continuant notre descente vers Molinaseca, par l'étroite vallée du rio Morvelo, nous faisons une rencontre insolite :
Un petit homme attend au bord du chemin ceux qui descendent de la montagne. Il a l'œil vif et engage volontiers la conversation. Valvino Luna était berger depuis son enfance. Il n'a pas été à l'école, ne sait ni lire, ni écrire ; mais il a un don de guérisseur et le voici "curandero" sur le chemin avec la bénédiction de Saint Jacques.
Il nous accompagne en bavardant, cueille au passage quelques herbes sauvages dont il nous vante les vertus.
Il a bien vu l'imperceptible boiterie de mon frère Jean-Louis, et ne le lâchera pas avant qu'il ait accepté ses soins, allongé dans l'herbe fleurie au bord de la rivière.
Massage efficace dont le bénéficiaire ressentira les bienfaits jusqu'à Compostelle. "Adiós amigo Valvino ! y gracias."

Avant de passer le pont qui conduit à Ponferrada
nous faisons halte à la petite église romane Santa Maria de Viscayo.

Sur l'autre rive du rio Sil, les tours crénelées du château des Templiers
et le haut clocher de Nuestra Señora de la Encina témoignent
du passé historique de cette ville ouvrière développée autour des mines
de fer à ciel ouvert.

Voici de nouveau la terre rouge des vignobles.
Notre marche à l'Ouest nous conduit de village en village à travers la plaine vers la barrière montagneuse de la cordillère Cantabrique.
Au bourg de Cacabelos il y a foule pour la foire aux vins.
Nous goûtons l'excellent Bierzo et le "pastel de Santiago" délicieux gâteau aux amandes.

Et nous repartons un peu euphoriques dans le vent léger du soir jusqu'à Villafranca.
Encore une ville franque née du chemin au confluent des vallées encaissées du rio Burbia et du Valcarcel.
Venant de l'est le chemin débouche sur le chevet de l'église Saint-Jacques.
C'est ici, au porche nord " la puerta del perdon" que les pèlerins, trop épuisés par leur longue route, pouvaient, sans démériter, terminer leur voyage.

Par les ruelles de la ville nous dévalons la pente jusqu'à la calle de agua bordée des palais des nobles leonais venus contribuer à la prospérité de cette cité.

A l'ouest de Villafranca un chemin muletier s'élève rapidement au-dessus du Valcarcel entre châtaigneraies et landes de bruyères

Du fond de la vallée nous parviennent les bruits du chantier de l'autoroute assourdis par la brume matinale qui monte avec le soleil.

Fin d'après-midi, la lumière dorée allonge les ombres des châtaigniers sur les pentes du versant sud de la sierra de Ancares.

Derrière les troupeaux, par les chemins creux, je monte vers "la puerta del pedrafita", porte de la Galice.

Derniers hameaux du Bierzo, premières "pallozas", huttes aux toits de genêts et de seigle.

O Cebreiro.

A la tombée du jour, passant sur le versant nord, je suis cueilli par la tempête de neige.

Tête dans les épaules, arc-bouté contre la bise glacée, j'arrive au porche de la petite église où, par un soir semblable de l'an 1300 eut lieu le miracle "del Pan y Vino".

O Cebreiro. 3 mai.
Il a neigé toute la nuit...

sur l'épaule de la montagne glisse la caresse furtive de l'aurore.

Par la route enneigée nous descendons vers les premiers villages de Galice :
Pardonelo, puis la chapelle Santa Maria del Poyo où nous trouvons un abri.
Après Triacastela nous choisissons le chemin de gauche qui conduit à Samos
par la vallée du rio Ouribio.
  Belle promenade champêtre le long de cette rivière riante et vive...
"Camino cortado" (chemin coupé ?). Faisons mine de ne pas comprendre.
                    le chemin est trop beau pour faire demi-tour...

…Deux heures
plus tard…
nous mesurons
notre légèreté : les crues de ce printemps
ont emporté tous les ponts. Impossible de passer sur l'autre rive.
La rivière est trop grosse pour être franchie à gué et inutile d'invoquer
Saint Jacques…

Alors que le soleil décline nous finissons par trouver loin en aval un pont
de bois construit par un paysan pour accéder à ses pâturages.

La cloche de l'office du soir a sonné depuis longtemps,
lorsque, au détour du chemin, nous découvrons dans la
combe l'imposant monastère qui toujours accueille
les pèlerins depuis 10 siècles d'une histoire mouvementée.

MONASTERIO D SAMOS

Date : 3-5-01

Après Matines nous reprenons notre marche
vers Sarria plus à l'ouest.
Temps doux et humide. la nuée grise traîne son ventre lourd sur le dos des collines.
Galice je t'aime bien. Entrant chez toi, impossible de ne pas évoquer tes soeurs
en altitude : Cornouaille et Irlande...
Pays d'eaux mêlées, celles du ciel et celles de la terre que Dieu oublia ici
de séparer lorsqu'il créa le monde.

A la sortie de Sarria nous rencontrons un couple d'autrichiens :
    Otto accompagne sa mère Carola âgée de 75 ans.

Ils habitent Vienne et, partis de Pampelune début avril, par petites étapes, ils avancent, jour après jour, vers Compostelle. Admirable courage de la mère. Admirable patience du fils.

A mesure que nous progressons l'impression de retour dans un pays frère se confirme : paysage de bocage, chemins creux, murettes de pierres moussues. Solides maisons de granit bleu où s'accroche le lichen...
   ... et ce vent humide qui sent l'iode.

Peu après la borne qui marque les 100 Kms avant Compostelle, sur la route qui descend au hameau de Morzade, une ferme au bord du chemin propose gîte et souper.
Sinda Fernandez notre hôtesse est bien sympathique.
Soirée calme au coin du fourneau, loin des bruits et ronflements des refuges.
" Gracias Siñora Fernandez para tu acojida sonriente".

« Matin d'eau calme
Une jeune lumière danse au milieu des arbres »

Dans les chemins creux devenus ruisseaux, de nombreux gués, faits de larges dalles de granit, permettent de marcher à pied sec.
Nous montons ainsi jusqu'à Portomarin, la petite ville reconstruite au-dessus du barrage sur le cours du Rio Miño.
Plus loin vers l'ouest le paysage s'élargit sur les landes del Alto de Rosario
où le regard ricoche sur les crêtes granitiques :
Les Monts d'Arrée en Galice.

Date : 5·5·2001

Traversant les hameaux,
les cours de ferme,
nous découvrons les charrettes
à roues pleines
et les horréos, ces élégants
greniers surélevés où l'on
conserve le grain
à l'abri des rongeurs

Sans même nous en rendre compte
nous arrivons le soir à Palas de Rei après une étape de 40 kms.
Le palais du Roi n'est plus, mais l'auberge est confortable.

Sur la route de Mélide de bon matin.

« Le ciel est si lente rivière
 qu'on ne sait s'il moissonne les heures, dans son sillage.
  Et l'on baisse la voix
   pour mieux voir et apprendre
    l'humilité d'être homme »

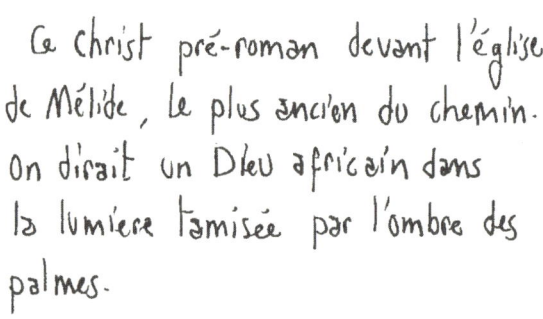

Ce Christ pré-roman devant l'église de Mélide, le plus ancien du chemin. On dirait un Dieu africain dans la lumière tamisée par l'ombre des palmes.

Le soir, à l'heure où rentrent les troupeaux, nous arrivons à Ribadiso, au creux de la petite vallée du rio Iso.

Il suffit de passer le pont pour faire halte sur l'autre rive dans l'un des plus beaux gîtes du chemin, installé dans les vestiges de l'ancien hôpital qui accueillait ici les pèlerins au XVe siècle.

Date : 6 05 01

Montant vers Arzua, dernière ville avant Compostelle,
nous marchons rênes longues, prenant le temps
de savourer cette belle étape dans les forêts d'eucalyptus.

Les grands fûts lisses et clairs montent droit dans le ciel
comme des mâts de bateau.
Dans leur feuillage sec, le vent de mer
fait un bruit familier : froissement
de voiles et cliquetis de haubans.

Dans l'air tiède il y a un parfum
qui rend le souffle plus léger.

Pendant que mon frère cueille les premières girolles de ce printemps, au bas d'un talus.
Je ramasse dans mon mouchoir quelques-uns de ces petits encensoirs, graines étoilées qui craquent sous nos pas.

En forçant l'allure
　nous pourrions rejoindre Santiago dès ce soir...

Mais nous respecterons la tradition de nos anciens compagnons qui faisaient à Lavacolla leur dernière étape.

là ils se lavaient et se reposaient.
avant de se présenter
　devant l'Apôtre avec bonne figure.

Compostelle 8 mai

« Nous entrerons dans la ville
   avec cet air tranquille
         des grands rois »

(Stéphane Goldmann)

Au porche de la gloire,

dans la lumière tamisée, la foule du paradis s'anime.
Prêtant l'oreille on pourrait les entendre parler, rire et chanter.

Mais Lui, Saint Jacques, assis au milieu d'eux,
aux pieds de son Seigneur et Maître, est comme absent.

Son regard se perd au loin, jusqu'aux extrémités de la terre
où se couche le soleil.
Il est fasciné, comme s'il contemplait depuis des siècles et pour
l'éternité la Transfiguration de son compagnon des chemins
de Palestine : Ce Jésus de Nazareth qui vint le chercher un jour,
au bord du lac, dans la barque de son père,
avec son frère Jean.

Il n'est pas ici l'apôtre.
Il est plus loin devant

Il te dit :
« Ultreïa ! Va plus loin
toi aussi.
Ici n'est pas le terme. »

Midi
dans la cathédrale

Avec les volutes d'encens du "botafumeiro",
s'élève la louange de la foule pèlerine.

Voici le temps
   de descendre dans le fleuve profond
   de la ferveur humaine
   Venu des terres lointaines de la vieille Europe.

Dans le creuset du cœur de Dieu
rejoindre ceux et celles qui m'ont fait messager
de leurs prières.

Frôlement d'aile.
Dans la crypte romane
un ange espiègle
              s'envole
emportant le soleil
le temps de voir le ciel
s'enluminer d'étoiles
sur les notes d'une cornemuse...

« Un jour on te demandera raison
de ton émerveillement d'enfant désarmé.

   tu répondras :

            j'ai perdu pied dans la louange
              je suis un chant
              dans la bouche du fleuve
              et quand m'étreint la joie
              entre ses hanches riveraines
              je m'en reviens
              au lieu de ma naissance. »

Sur le chemin du retour.

Monastère Santo Domingo de Silos.

Dans le cloître, le Christ, vêtu comme un pèlerin, marche avec ses compagnons sur le chemin d'Emmaüs

Il fait mine d'aller plus loin. Mais eux le pressent en lui disant :
"Reste avec nous car le soir vient."

Beaucoup s'arrêtaient ici au retour de Compostelle.
Ils pouvaient méditer sur cette page de l'évangile de Luc
et dire à leur tour :

« N'avions-nous pas le coeur brûlant
tandis qu'il nous parlait en chemin ? ».

Quel chemin prendre pour revenir en Bretagne ?

Je me souviens des Rois-mages rencontrés à Autun au début du voyage. Ils dormaient dans leur lit de pierre aux draps brodés. Un ange les visitait, leur disant de rentrer par un autre chemin.

Quel chemin prirent-ils ? Ceci est une autre histoire.

Mais d'Espagne en Bretagne
      du Finistère sud au Finistère Nord
le chemin le plus court est celui de la mer.

jeudi 10 mai 2001

Dans la soirée "le Bretagne" quitte lentement la baie de Santander. Route Nord vers le golfe de Gascogne. Là-bas, au-delà du cap Finisterre le soleil termine sa course. Allume des feux sur la ville et les monts cantabriques, ligne bleue dentelée sous le ciel d'opale miellée qui peu à peu s'assombrit.

Insolite retour. Dans ce bateau breton, parmi les touristes anglais, je me sens plus en terre étrangère que sur le camino espagnol où chemine le monde entier.

Lent retour, propice à la décantation, à la fermentation de tous les soleils, de toutes les rencontres glanées en chemin.

De temps en temps un oiseau de mer, puffin ou pétrel,
glisse au ras de l'eau grise comme un poisson volant.
Me reviennent ces mots d'André Fréneau lus à Autun :

« Avancerons-nous aussi vite que l'étoile ?
 la randonnée n'a-t-elle assez duré ?
 la neige avait tissé les pays du retour
 Avec ses fleurs fondues où se perd la mémoire.
 De nouveaux compagnons se mêlaient à la troupe. »

A. Fréneau "les rois-mages"
NRF. Gallimard.

Mer d'Iroise.
Petite bruine, mer belle, longue houle de sud-ouest.
A tribord, les trois éclats rouges du feu de la Jument,
annoncent Ouessant.

Dans l'espace exigu de ma couchette
tourne la vieille complainte
de Léo Ferré :
« Qu'il est loin le chemin de l'Espagne,
 qu'il est long le chemin do retour... »

Ne te retourne pas compagnon.
Il n'y a plus de chemin.
Seulement un sillage sur la mer...
 qui déjà s'efface.
Le chemin s'ouvre et se referme
Sous les pas de celui qui passe.
D'autres à leur tour le traceront.

Chez moi je m'en reviens
au pas lent de la houle.
Seule demeure une trace
 sur la page...
  ... de la mémoire.

Plymouth

Roscoff

Vezelay
Autun
Cluny
le Puy
Cahors Conques
Lectoure Moissac
Santander
St Jean Arthez
Ostabat
Burgos Puenta la R Roncevaux
Estella
Santo Domingo
Silos

CAPITULUM hujus Almae Apostolicae et Metropolitanae Ecclesiae Compostellanae sigilli Altaris Beati Jacobi Apostoli custos, ut omnibus Fidelibus et Peregrinis ex toto terrarum Orbe, devotionis affectu vel voti causa, ad limina Apostoli Nostri Hispaniarum Patroni ac Tutelaris **SANCTI JACOBI** convenientibus, authenticas visitationis litteras expediat, omnibus et singulis praesentes inspecturis, notum facit: _Dnnm_ _Jacobum Davy_ hoc sacratissimum Templum pietatis causa devote visitasse. In quorum fidem praesentes litteras, sigillo ejusdem Sanctae Ecclesiae munitas, ei confero.

Datum Compostellae die 8 mensis Maii anno Dni 2001.

Secretarius Capitularis

Remerciements

A Jean-Claude Bourles, mon "frère aîné" sur le chemin et dans l'art de le conter. Sans lui ce carnet n'aurait pas été publié.

A frère Gilles Baudry, moine de l'Abbaye de Landevennec et poète qui m'a permis de glisser quelques uns de ses vers entre les pages.
Ils sont extraits de "la seconde lumière" et "Invisible Ordinaire" parus aux éditions Rougerie.

Aux amis, lecteurs attentifs, qui m'ont encouragé à progresser sur ce chemin de papier.

Éditeur : Henri Bancaud
Photogravure : Scann'Ouest, Rennes (35)
Impression : Imprimerie Le Govic à Nantes (44)

© 2002, Éditions Ouest-France
Édilarge SA, Rennes
ISBN 2 7373 3020 3
N° d'éditeur 4378.01.09.04.02
Dépôt légal : avril 2002

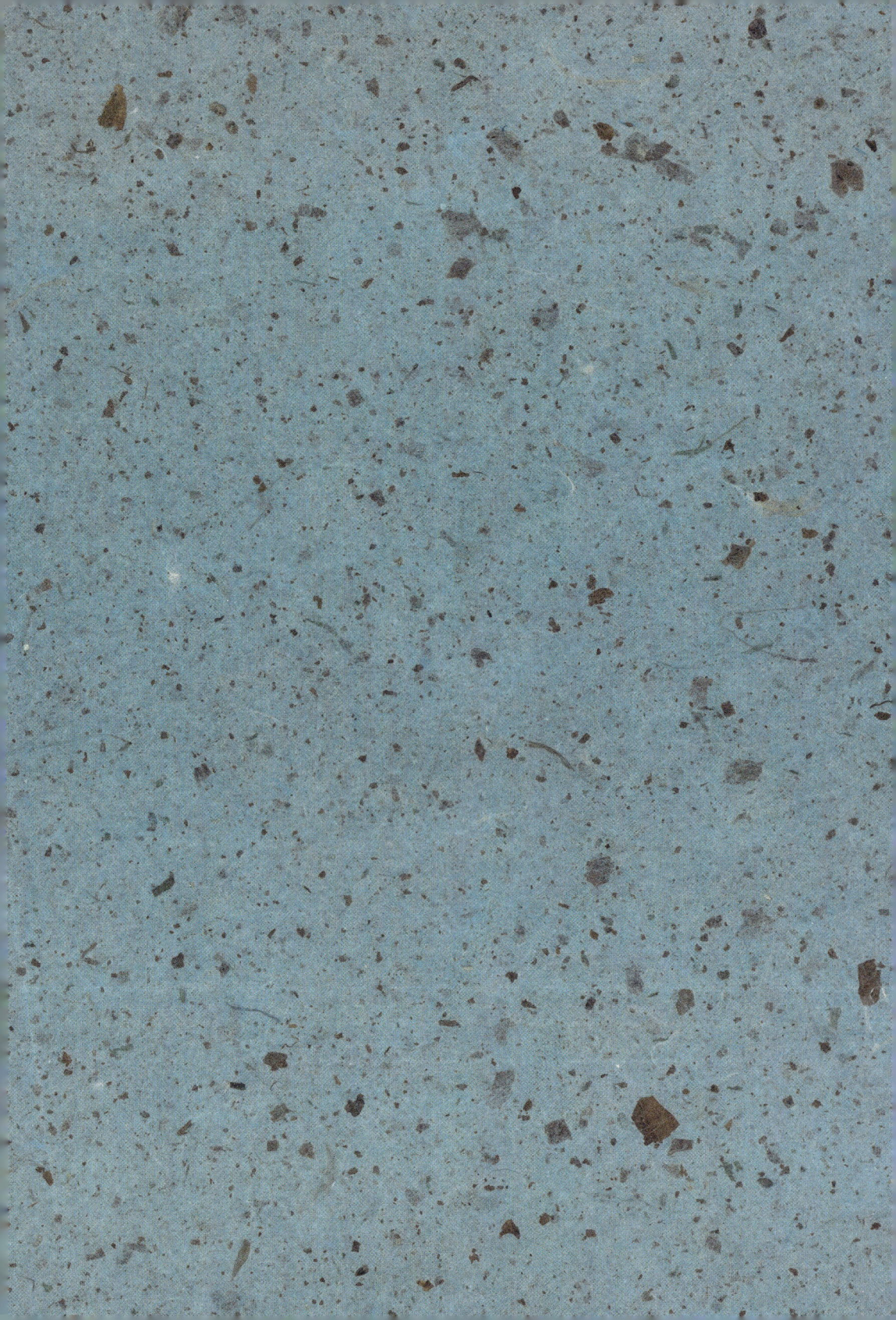